经济文书写作

张 蓉 ◎ 编著

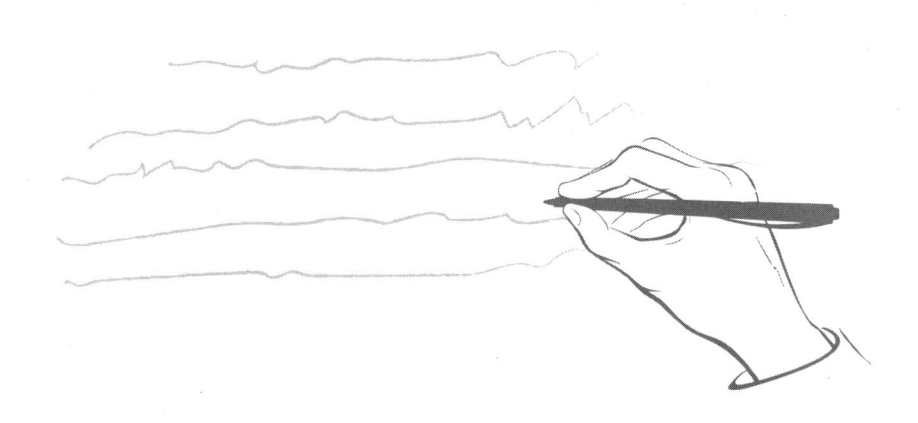

电子工业出版社
Publishing House of Electronics Industry
北京·BEIJING

内 容 简 介

经济文书是经济活动中必不可少的重要工具之一，是联络公务、交流情况、传递信息的桥梁和纽带，是联系与解决经济事务或经济纠纷的重要依据之一。本书共介绍了8类经济文书，包括企业管理类、调研分析类、契约类、审计类、招标投标类、税务金融类、经济纠纷类、宣传类等。书中对59个经济文书的格式写法及写作注意事项做了详细说明，并提供了相关的范文模板以供参考，种类齐全，方便实用，内容新颖，通俗易懂，是从事经济工作的人员必备的工具书。

未经许可，不得以任何方式复制或抄袭本书之部分或全部内容。
版权所有，侵权必究。

图书在版编目（CIP）数据

经济文书写作/张蓉编著. —北京：电子工业出版社，2021.1
ISBN 978-7-121-39993-0

Ⅰ.①经… Ⅱ.①张… Ⅲ.①经济-应用文-写作 Ⅳ.①F

中国版本图书馆CIP数据核字（2020）第231539号

责任编辑：王小聪
印　　刷：三河市鑫金马印装有限公司
装　　订：三河市鑫金马印装有限公司
出版发行：电子工业出版社
　　　　　北京市海淀区万寿路173信箱　邮编　100036
开　　本：720×1000　1/16　印张：15.5　字数：270千字
版　　次：2021年1月第1版
印　　次：2021年1月第1次印刷
定　　价：49.80元

凡所购买电子工业出版社图书有缺损问题，请向购买书店调换。若书店售缺，请与本社发行部联系，联系及邮购电话：（010）88254888，88258888。

质量投诉请发邮件至zlts@phei.com.cn，盗版侵权举报请发邮件至dbqq@phei.com.cn。
本书咨询联系方式：（010）57565890，meidipub@phei.com.cn。

前 言

当前，随着我国经济的迅猛发展，国内外的经济活动及经济交往日趋频繁，在这样广泛而繁忙的经济活动中，经济文书起到了非常重要的作用。而且，随着全球经济的发展，经济文书的应用更加广泛，种类日益增多，作用越来越大。无论是对市场进行调查、分析、预测，经济信息的传递，经济决策的确定，还是合同或契约的签订，经济管理规定的实施，经济纠纷的决断等，都离不开经济文书。

经济文书是从事经济工作的人员做好经济工作、提高经济管理水平必备的工具之一，是经济活动中必不可少的重要工具之一，是联络公务、交流情况、传递信息的桥梁和纽带，是联系与解决经济事务或经济纠纷的重要依据之一。

经济的发展需要培养更多的经济文书写作人才，以达到更好地为经济建设服务的目的。因此，具备经济文书写作能力是经济发展形势的迫切需要，也是从事经济工作的人员必须掌握的基本功。面对当今的市场经济，不光从事经济工作的人员，每个社会成员都应具备一定的经济文书写作能力，这是现代社会对每个现代人在素质方面提出的一项基本要求。

为了方便读者使用，本书综合经济文书的内容和使用领域，将其细分为企业管理类、调研分析类、契约类、审计类、招标投标类、税务金融类、经济纠纷类、宣传类等8类经济文书。书中对59个经济文书的格式写法及写作注意事项做了详细说明，并提供了相关的范文模板以供参考，种类齐全，方便实用，内容新颖，通俗易懂，是从事经济工作的人员必备的工具书。

编者

目 录

第1章 经济文书写作概述

1.1 经济文书概述 ··1
 1.1.1 经济文书的分类 ··1
 1.1.2 经济文书的特点 ··2
 1.1.3 经济文书的作用 ··4
1.2 经济文书的主旨 ··6
 1.2.1 确立主旨的依据 ··6
 1.2.2 主旨的表达要求 ··7
 1.2.3 主旨的表达方法 ··8
1.3 经济文书的材料 ··9
 1.3.1 正确处理材料和主旨的关系 ··9
 1.3.2 选择材料的原则 ··9
 1.3.3 使用材料的方法 ··10
1.4 经济文书的结构 ··11
 1.4.1 结构安排的原则 ··11
 1.4.2 结构特点 ··13
 1.4.3 层次与段落 ··14
 1.4.4 过渡与照应 ··15
 1.4.5 常见的开头方式 ··16
 1.4.6 常见的结尾方式 ··17

1.5 经济文书的语言规范 ·· 18
1.5.1 表达方式 ·· 18
1.5.2 语言特点 ·· 19

第2章 企业管理类文书

2.1 企业请示 ·· 22
2.1.1 格式写法 ·· 23
2.1.2 写作注意事项 ·· 24
2.1.3 范文模板 ·· 24

2.2 企业报告 ·· 25
2.2.1 格式写法 ·· 25
2.2.2 写作注意事项 ·· 26
2.2.3 范文模板 ·· 27

2.3 企业通报 ·· 29
2.3.1 格式写法 ·· 29
2.3.2 写作注意事项 ·· 32
2.3.3 范文模板 ·· 32

2.4 企业工作计划 ·· 33
2.4.1 格式写法 ·· 34
2.4.2 写作注意事项 ·· 35
2.4.3 范文模板 ·· 36

2.5 企业工作总结 ·· 37
2.5.1 格式写法 ·· 38
2.5.2 写作注意事项 ·· 39
2.5.3 范文模板 ·· 39

2.6 企业经营决策方案 ·· 40
2.6.1 格式写法 ·· 41
2.6.2 写作注意事项 ·· 42
2.6.3 范文模板 ·· 43

2.7 企业章程 ······ 44
- 2.7.1 格式写法 ······ 44
- 2.7.2 写作注意事项 ······ 45
- 2.7.3 范文模板 ······ 45

2.8 企业会议纪要 ······ 48
- 2.8.1 格式写法 ······ 48
- 2.8.2 写作注意事项 ······ 50
- 2.8.3 范文模板 ······ 50

2.9 企业会议方案 ······ 51
- 2.9.1 格式写法 ······ 52
- 2.9.2 写作注意事项 ······ 53
- 2.9.3 范文模板 ······ 53

2.10 企业汇报提纲 ······ 54
- 2.10.1 格式写法 ······ 54
- 2.10.2 写作注意事项 ······ 55
- 2.10.3 范文模板 ······ 55

2.11 企业函 ······ 56
- 2.11.1 格式写法 ······ 57
- 2.11.2 写作注意事项 ······ 58
- 2.11.3 范文模板 ······ 58

2.12 企业简报 ······ 59
- 2.12.1 格式写法 ······ 60
- 2.12.2 写作注意事项 ······ 62
- 2.12.3 范文模板 ······ 63

第3章 调研分析类文书

3.1 市场调查报告 ······ 65
- 3.1.1 格式写法 ······ 69
- 3.1.2 写作注意事项 ······ 71

VIII 经济文书写作

  3.1.3 范文模板 …………………………………………………… 72
3.2 项目建议书 …………………………………………………………… 73
  3.2.1 格式写法 …………………………………………………… 73
  3.2.2 写作注意事项 ……………………………………………… 75
  3.2.3 范文模板 …………………………………………………… 76
3.3 可行性研究报告 ……………………………………………………… 78
  3.3.1 格式写法 …………………………………………………… 81
  3.3.2 写作注意事项 ……………………………………………… 83
  3.3.3 范文模板 …………………………………………………… 84
3.4 经济预测报告 ………………………………………………………… 86
  3.4.1 格式写法 …………………………………………………… 87
  3.4.2 写作注意事项 ……………………………………………… 88
  3.4.3 范文模板 …………………………………………………… 89
3.5 财务分析报告 ………………………………………………………… 90
  3.5.1 格式写法 …………………………………………………… 92
  3.5.2 写作注意事项 ……………………………………………… 94
  3.5.3 范文模板 …………………………………………………… 95
3.6 产销分析报告 ………………………………………………………… 96
  3.6.1 格式写法 …………………………………………………… 96
  3.6.2 写作注意事项 ……………………………………………… 98
  3.6.3 范文模板 …………………………………………………… 98
3.7 经济活动分析报告 …………………………………………………… 99
  3.7.1 格式写法 …………………………………………………… 101
  3.7.2 写作注意事项 ……………………………………………… 102
  3.7.3 范文模板 …………………………………………………… 103
3.8 企业管理咨询报告 …………………………………………………… 104
  3.8.1 格式写法 …………………………………………………… 104
  3.8.2 写作注意事项 ……………………………………………… 105
  3.8.3 范文模板 …………………………………………………… 106

3.9 商业计划书 ·· 107
3.9.1 格式写法 ··· 107
3.9.2 写作注意事项 ·· 109
3.9.3 范文模板 ··· 110
3.10 统计分析报告 ··· 112
3.10.1 格式写法 ·· 113
3.10.2 写作注意事项 ··· 113
3.10.3 范文模板 ·· 114
3.11 营销策划方案 ··· 114
3.11.1 格式写法 ·· 115
3.11.2 写作注意事项 ··· 116
3.11.3 范文模板 ·· 116

第4章 契约类文书

4.1 意向书 ··· 118
4.1.1 格式写法 ··· 119
4.1.2 写作注意事项 ·· 120
4.1.3 范文模板 ··· 120
4.2 协　议 ··· 121
4.2.1 格式写法 ··· 121
4.2.2 写作注意事项 ·· 122
4.2.3 范文模板 ··· 122
4.3 经济合同 ·· 125
4.3.1 格式写法 ··· 125
4.3.2 写作注意事项 ·· 127
4.3.3 范文模板 ··· 127

第5章 审计类文书

- 5.1 审计通知书 …………………………………………………………… 130
  - 5.1.1 格式写法 …………………………………………………… 130
  - 5.1.2 写作注意事项 ……………………………………………… 131
  - 5.1.3 范文模板 …………………………………………………… 132
- 5.2 审计任务书 …………………………………………………………… 132
  - 5.2.1 格式写法 …………………………………………………… 132
  - 5.2.2 写作注意事项 ……………………………………………… 133
  - 5.2.3 范文模板 …………………………………………………… 133
- 5.3 审计方案 ……………………………………………………………… 134
  - 5.3.1 格式写法 …………………………………………………… 135
  - 5.3.2 写作注意事项 ……………………………………………… 136
  - 5.3.3 范文模板 …………………………………………………… 137
- 5.4 审计报告 ……………………………………………………………… 140
  - 5.4.1 格式写法 …………………………………………………… 142
  - 5.4.2 写作注意事项 ……………………………………………… 144
  - 5.4.3 范文模板 …………………………………………………… 145
- 5.5 审计决定 ……………………………………………………………… 147
  - 5.5.1 格式写法 …………………………………………………… 147
  - 5.5.2 写作注意事项 ……………………………………………… 148
  - 5.5.3 范文模板 …………………………………………………… 149
- 5.6 审计移送处理书 ……………………………………………………… 149
  - 5.6.1 格式写法 …………………………………………………… 150
  - 5.6.2 写作注意事项 ……………………………………………… 151
  - 5.6.3 范文模板 …………………………………………………… 151
- 5.7 审计工作总结 ………………………………………………………… 152
  - 5.7.1 格式写法 …………………………………………………… 152
  - 5.7.2 写作注意事项 ……………………………………………… 154
  - 5.7.3 范文模板 …………………………………………………… 154

第6章 招标投标类文书

- 6.1 招标章程 ·· 156
  - 6.1.1 格式写法 ·· 156
  - 6.1.2 写作注意事项 ·· 157
  - 6.1.3 范文模板 ·· 157
- 6.2 招标公告 ·· 160
  - 6.2.1 格式写法 ·· 160
  - 6.2.2 写作注意事项 ·· 161
  - 6.2.3 范文模板 ·· 161
- 6.3 招标邀请书 ··· 163
  - 6.3.1 格式写法 ·· 163
  - 6.3.2 写作注意事项 ·· 164
  - 6.3.3 范文模板 ·· 164
- 6.4 招标书 ··· 165
  - 6.4.1 格式写法 ·· 165
  - 6.4.2 写作注意事项 ·· 166
  - 6.4.3 范文模板 ·· 166
- 6.5 投标申请书 ··· 167
  - 6.5.1 格式写法 ·· 168
  - 6.5.2 写作注意事项 ·· 168
  - 6.5.3 范文模板 ·· 169
- 6.6 投标书 ··· 169
  - 6.6.1 格式写法 ·· 170
  - 6.6.2 写作注意事项 ·· 171
  - 6.6.3 范文模板 ·· 171
- 6.7 中标通知书 ··· 173
  - 6.7.1 格式写法 ·· 173
  - 6.7.2 写作注意事项 ·· 173
  - 6.7.3 范文模板 ·· 174

第7章 税务金融类文书

- 7.1 税收分析报告 ·· 175
  - 7.1.1 格式写法 ·· 176
  - 7.1.2 写作注意事项 ·· 177
  - 7.1.3 范文模板 ·· 177
- 7.2 查账报告 ·· 178
  - 7.2.1 格式写法 ·· 179
  - 7.2.2 写作注意事项 ·· 179
  - 7.2.3 范文模板 ·· 180
- 7.3 查账证明书 ·· 181
  - 7.3.1 格式写法 ·· 181
  - 7.3.2 写作注意事项 ·· 182
  - 7.3.3 范文模板 ·· 182
- 7.4 纳税检查报告 ··· 182
  - 7.4.1 格式写法 ·· 183
  - 7.4.2 写作注意事项 ·· 185
  - 7.4.3 范文模板 ·· 185
- 7.5 税务行政复议决定书 ·· 187
  - 7.5.1 格式写法 ·· 187
  - 7.5.2 写作注意事项 ·· 188
  - 7.5.3 范文模板 ·· 189
- 7.6 项目评估报告 ··· 190
  - 7.6.1 格式写法 ·· 190
  - 7.6.2 写作注意事项 ·· 191
  - 7.6.3 范文模板 ·· 192
- 7.7 股票发行章程 ··· 193
  - 7.7.1 格式写法 ·· 193
  - 7.7.2 写作注意事项 ·· 193
  - 7.7.3 范文模板 ·· 194

- 7.8 股票发行说明书 ·· 195
  - 7.8.1 格式写法 ·· 196
  - 7.8.2 写作注意事项 ·· 196
  - 7.8.3 范文模板 ·· 197

第8章 经济纠纷类文书

- 8.1 经济仲裁申请书 ·· 199
  - 8.1.1 格式写法 ·· 199
  - 8.1.2 写作注意事项 ·· 200
  - 8.1.3 范文模板 ·· 201
- 8.2 经济仲裁答辩书 ·· 202
  - 8.2.1 格式写法 ·· 202
  - 8.2.2 写作注意事项 ·· 203
  - 8.2.3 范文模板 ·· 203
- 8.3 经济仲裁协议 ·· 204
  - 8.3.1 格式写法 ·· 204
  - 8.3.2 写作注意事项 ·· 205
  - 8.3.3 范文模板 ·· 205
- 8.4 经济纠纷起诉状 ·· 206
  - 8.4.1 格式写法 ·· 206
  - 8.4.2 写作注意事项 ·· 207
  - 8.4.3 范文模板 ·· 207
- 8.5 经济纠纷上诉状 ·· 208
  - 8.5.1 格式写法 ·· 208
  - 8.5.2 写作注意事项 ·· 209
  - 8.5.3 范文模板 ·· 210
- 8.6 经济纠纷申诉状 ·· 211
  - 8.6.1 格式写法 ·· 212
  - 8.6.2 写作注意事项 ·· 212

8.6.3 范文模板 …………………………………………………………213
8.7 经济纠纷答辩状 …………………………………………………………214
8.7.1 格式写法 …………………………………………………………215
8.7.2 写作注意事项 ……………………………………………………216
8.7.3 范文模板 …………………………………………………………216

第9章 宣传类文书

9.1 招商说明书 …………………………………………………………………218
9.1.1 格式写法 …………………………………………………………218
9.1.2 写作注意事项 ……………………………………………………219
9.1.3 范文模板 …………………………………………………………219
9.2 产品说明书 …………………………………………………………………220
9.2.1 格式写法 …………………………………………………………221
9.2.2 写作注意事项 ……………………………………………………224
9.2.3 范文模板 …………………………………………………………224
9.3 经济消息 ……………………………………………………………………226
9.3.1 格式写法 …………………………………………………………227
9.3.2 写作注意事项 ……………………………………………………230
9.3.3 范文模板 …………………………………………………………230
9.4 商业广告文案 ………………………………………………………………231
9.4.1 格式写法 …………………………………………………………231
9.4.2 写作注意事项 ……………………………………………………234
9.4.3 范文模板 …………………………………………………………234

第1章 经济文书写作概述

经济文书是联络公务、交流情况、传播信息的桥梁和纽带,是联系与解决经济事务或经济纠纷的重要依据之一,它对做好经济工作、提高经济管理水平起到了十分重要的作用。要想写好经济文书,必须洞悉经济文书的概念、本质特征,同时在此基础上熟练掌握经济文书的写作规律,才能撰写出高水平的经济文书。

撰写经济文书,必须做到主旨鲜明、中心突出,材料充实、内容完整,结构严谨、条理清晰、语句通畅、表述简约。

1.1 经济文书概述

经济文书是以经济活动为主要内容的应用文体,是经济运作过程中不可缺少的重要工具之一,是机关、团体、企事业单位和个人反映经济情况,处理经济事务,传播经济信息,协调经济活动,研究、解决经济问题的一种具有实用价值和惯用格式的书面材料。

如今,经济活动已深入社会生活的各个方面,因而反映经济情况、处理经济事务、研究经济问题的经济文书的使用日趋广泛和频繁,无论是对市场进行调查、分析、预测,经济信息的传递,经济决策的确定,还是合同或契约的签订,经济管理规定的实施,经济纠纷的决断等,都会用到经济文书。

1.1.1 经济文书的分类

经济文书的种类繁多,从不同的角度,采用不同的分类标准,其分类各有不同。本书为了方便读者使用，根据经济活动本身的动态性、过程性、相关性等特点，并综合其内容和使用领域，将经济文书分为企业管理类、调研分析类、契约类、审计类、招标投标类、税务金融类、经济纠纷类和宣传类等8种类型，后面的章节将会对其进行逐一讲解。

1.1.2 经济文书的特点

作为经济活动中不可缺少的工具之一，经济文书具有实用性、真实性、专业性、效益性、政策性、程式性、时效性等特点。

1. 实用性

实用性是经济文书的第一属性，也是其本质属性。经济文书若失去了实用性，就失去了存在的价值。对经济文书来说，如果能实实在在地解决一些实际问题，就一定会对经济工作产生指导意义，因此也就具有较高的实用价值。实用，是经济文书的价值取向，任何经济文书都不是一般的有感而发，而是注重实用、讲究实效的，力求能够解决经济活动中的各种问题。

因此，作者在写作经济文书时必须做到：能够反映经济活动中的新动态、新情况、新经验、新问题，并认真地加以剖析研究，从而探索和发现经济活动的发展规律；或者能够针对现代经济管理活动中的各种实际问题，适时地做出决策、指令、通报和说明，提出解决问题的措施和办法；或者能够梳理适合我国国情和市场经济发展的新经济形式，反映其发展与优化的过程，对经济改革给予正确的导向。

2. 真实性

真实是经济文书的生命。经济文书是反映经济活动规律，解决实际经济问题的一种文书，它应当从实际出发，原原本本地反映客观事物的真实面貌，传递准确无误的信息。经济文书不能像文学作品那样进行艺术虚构，它必须实事求是，事必有据，不可歪曲事实、弄虚作假、夸大其词；阐述观点时应要言不烦，不旁征博引；提出措施时应切实具体，不泛泛而谈。

因此，作者在写作经济文书时应做到以下几点：第一，所反映的时间、地点、人物、事件、背景、过程、细节等都要符合事实的本来面目，不掺假、不夸张、不走样。第二，引用的各种资料、统计数据要准确无误；对一些重要数据，必须反复核实测算，不能出丝毫差错。第三，要反映客观事实本身的逻辑关系，揭示客观经济规律，不能片面强调求真，只见现象不见本质，只见偶然否定必然。

3. 专业性

经济文书是专业性相对较强的一种应用文体。因为，经济文书与经济活动有着高度的内在统一性；在经济活动的不同周期均有不同用途的文书对之进行规范、制约和总结；反映经济生活的经济文书，必须尊重客观经济规律，讲究科学性；经济文书中糅合了大量的经济学原理和方法，使用了大量的经济术语和统计方法。

因为经济文书的专业性较强，所以写作者在写作经济文书时不仅要有写作功底，还要具备相应的专业知识。

4. 效益性

经济效益是经济管理的核心内容，提高经济效益是所有经济管理活动的根本目标，也是经济文书写作的终极目的。经济活动与其他活动相比的一个根本区别就在于，它必须讲求经济效益。因此，经济文书在写作中必须牢固地树立效益观念，注重对经济活动中影响经济效益诸因素的分析，注重提供有助于提高经济效益的切实可行的措施与方案，保证经济活动的正常运行，实现最佳的经济效益。

经济文书写作要从不同的角度、不同的方面，以不同的内容、形式和方法与经济效益挂钩，为提高经济效益服务。如市场调查报告要为解决企业产品适销对路服务；经济合同要为企业的切身经济利益着想；审计报告要着眼于对企业经济效益的检查与评估；商业计划书要考虑提出提高经济效益的最佳方案；等等。

5. 政策性

有关的经济法规和经济政策是经济运行的基本规则，也是经济文书写作的指导方针。经济文书反映着党和国家的经济方针政策。经济文书的内容要体现和渗透经济法规和经济政策的精神，要以有关的法规和政策为依据去分析经济现象，研究经济形势，解决经济问题；要结合具体的经济工作任务、具体的事件、具体的问题去自觉宣传贯彻国家的有关法规和政策，反映国家政权的政治意向和根本利益。如签订经济合同，其内容必须遵循《中华人民共和国合同法》的有关规定，必须符合国家法律以及有关税务、财务、物价等方面的政策。

因此，作者要懂得客观经济规律，熟悉国家的财税、金融政策及相关法律法规，了解生产、流通、消费等环节的相关规定和要求。只有这样，才能写出既符合政策规定又表达出自身诉求的经济文书。

6. 程式性

经济文书的专业性很强，为了表达得准确得体，处理得及时迅速，人们在长期的写作实践中，逐渐形成了各自不同的、相对固定的格式与写作规范。经济文书的程式，主要是就经济文书的格式与语言来说的，写作时必须共同遵守，不能随意更改。经济文书的各种文体都有自己大致的模式，写作也要按照一定的规范、程式、标准和要求进行，不能随心所欲，自行更改。规范化是实现经济文书统一性、完整性、准确性和有效性的重要保证，是提高经济文书写作速度与效率的基本前提。

此外，从语言方面来讲，经济文书在长期写作中也形成了一些程式化的语言，形成了规范、严谨的语言特点。

7. 时效性

经济文书承担着收集、编制、传递、应用经济信息的功能，发挥指导经济工作、解决实际问题的作用，因此，经济文书的时效性比一般应用文书的时效性更加明显。市场经济瞬息万变，人们必须及时、有效地将信息反馈给决策部门，以便决策层快速做出反应。市场如战场，在风云变幻的经济领域，捕捉有价值的信息，做出科学的预测和正确的决策，提出切实可行的措施方案，都必须以及时为先决条件，竞争中的成败往往就体现在"时间差"上。抓住时机，因势利导，就会在竞争中稳操胜券；反之，拖拖拉拉，慢慢腾腾，只会坐失良机。盲目输送过时的信息，不仅无益，还会造成损失。信息流通得越快，经济文书的指导性就越强，它的价值也就越大。

因此，作者在写作经济文书时必须做到争分夺秒，不失时机。

1.1.3 经济文书的作用

经济文书具有以下几方面的作用：

1. 信息情报作用

经济文书的写作，实际上是一种通过对原始信息和情报的搜集、整理、分析、总结等，向受文者提供可资利用的信息情报，如情况简报、经济消息、市场调查与预测报告、经济活动分析报告等的过程。

2. 管理决策作用

经济文书的写作过程，本质上是经济管理工作的文本化操作过程，是经济管理本身的有机组成部分。随着管理进程的推进，需要形成不同的文书来对管理决策加以固化。如各类计划、预算决算报告、总结、营销策划等，都具有明显的管理决策功能。

3. 调查研究作用

从广义来说，经济文书是反映经济活动过程的实用文书，这些文书中有的反映的是作者在通过调查所获取的第一手资料的基础上，经过研究所得到的对经济活动规律的认识，以总结和推广经验，探讨改进经济工作的方法，研究经济工作的指导思想和政策，建立和发展经济学科理论，如经济学术论文、市场调查报告等。

4. 领导和指导作用

经济文书是联系上下级单位、传达领导指示、发挥领导和指导作用的桥梁与纽带。经济管理是一个多层次的、系统的结构，为了使各个部门、各个环节的活动协调一致，必须借助于经济文书及时地将党和国家的经济方针政策以及上级机关的指令、决策、任务、要求、计划等传达给下级单位，对基层单位的工作进行具体领导和指导，以便统一思想，统一行动，令行禁止，步调一致，维护正常的经济秩序，实现经济活动的有效管理。

5. 汇报和交流作用

经济文书是一种上传下达、沟通上下左右之间的关系、联系和办理各种事项的有效工具。比如，基层单位要通过经济文书向上级部门汇报工作、反映情况、提出建议，主动接受上级机关的领导；单位之间、部门之间也要通过经济文书交流信息，加强横向联系，相互沟通，取长补短，促进竞争，获得支持和帮助。

6. 推广和宣传作用

经济文书具有推广和宣传的作用。比如，通过经济文书，有关部门可以对错综复杂的经济现象进行科学的研究与分析，以便总结经验，揭示规律，对经济工作进行正确的指导。又比如，通过经济文书，企业可以及时发布商品产、供、销方面的信息，加速商品流通，开拓市场，增加销量，提高效益。再比如，企业的发展与其社会知名度是分不开的，社会知名度越高，社会评价越好，其发展的社会环境就越优越，前景也就越好。反之，在其发展的道路上便会遇到重重障碍和困难。如何提高企业的社会知名度与美誉度呢？除了靠自身的业绩，在很大程度上还需要通过一定的形式来推销自己，这种推销是可以通过相应的经济文书来实现的。

7. 依据和凭证作用

经济文书具有依据和凭证的作用。作为一种依据和凭证，经济文书不但要发挥现实作用，而且还将具有长远的历史作用。比如，来自上级机关的经济文书常常是下级单位做出决策、开展工作的政策依据；来自下级单位的经济文书常常是上级机关制定政策、部署工作的依据；与有关方面发生权益关系而形成的经济文书则是维护自身合法权益的凭证，一旦发生经济纠纷，它们就会成为处理纠纷、分清责任的依据。在完成了特定的任务后，有些经济文书还需要归档保存，以备查考。这些文书作为珍贵的历史资料，被储存起来，为以后研究经济活动的规律，总结经营管理的经验教训，预测经济发展的趋势，制定经济规划提供了参考价值。

1.2　经济文书的主旨

经济文书的主旨就是行文所要表达的中心意思，是由文稿的行文目的、思想认识和主张要求等构成的，是撰稿者在传达政策、发布指示、周知事项、汇报工作、总结经验和沟通情况时所表达的写作意图。

一般来说，主旨在撰稿者写作前业已形成，并贯通整个写作过程。材料的取舍，结构的安排，语言的运用，都受主旨的制约。

1.2.1　确立主旨的依据

经济文书在确立主旨时，既要根据客观条件，即国家的有关规定，又要在此条件下满足主观实际的需要，即行文单位的具体实际及行文主体希望达到的目的。因此，主旨往往在撰稿者受拟之时就已确立。

1. 与国家的有关规定相吻合

经济文书的主旨，必须与党和国家的方针、政策、法律、法规相吻合，不得违背国家法令，自行主张。比如，在提倡低碳经济的今天，在一个综合性的项目建议书中，确立主旨时不得有违背国家环保、节能减排精神的内容。

2. 符合行文单位领导的意图

撰写经济文书即是"受领导之命，代单位立言"。行文单位领导的意图，是指党的方针、政策在本单位、本企业的具体化，它是国家政策与具体单位经济实际相结合的产物，具有很强的政策性和针对性。撰稿时要吃透政策，善于领会和把握领导的意图，深入掌握本地区、本单位的具体情况，方能在撰稿中突出主旨。例如，某公司要调整第四季度销售计划，要求销售部门制定方案，那么"如何调整第四季度销售计划"就是单位领导的意图，即撰稿者确立主旨的依据。

1.2.2 主旨的表达要求

经济文书的主旨表达，需要做到正确、集中、鲜明、深刻。

1. 正确

正确是确立经济文书主旨最基本的要求。所谓正确，即首先要符合党和国家的方针、政策、法律、法规；其次，要符合行文单位领导的意图，这将保证行文主旨具有本地区、本单位的特色，能经受住实践和时间的考验，对工作能起到积极的指导作用；最后，要符合客观实际情况，能反映客观事物的本质，帮助人们正确处理经济事务。主旨若不正确，必将给工作带来麻烦。

2. 集中

经济文书的主旨要单一、重点突出，要一文一旨，不可有多个主旨。换句话说，一份文书只能有一个主旨，再长的文书也只能有一个基本观点，当然，它可以分述为若干个小观点，不管怎样，这些小观点都要围绕着一个基本观点去展开。

3. 鲜明

所谓鲜明，即经济文书的主旨要清晰确切，旗帜鲜明；要态度明确，肯定什么，否定什么，赞成什么，反对什么，应一目了然，不能似是而非、模棱两可，甚至前后矛盾，不知所云。

4. 深刻

所谓深刻，即经济文书的主旨要具有很强的针对性和现实意义，有特色，有新意，能深刻地揭示事物的本质和规律；经济文书的指导思想要正确，任务明确，政策性强，措施得力，对工作有很强的指导性。

1.2.3 主旨的表达方法

表达经济文书主旨常用的方法有六种：

1. 标题点旨

即用标题概括点明主旨，如"××××集团公司关于实行'产品三包'责任制的通知"。标题点旨的形式，要求撰写者在概括事由或者主旨时用词严密、准确。

2. 开宗托旨，开门见山

此种方法一般有两种形式：第一种，使用主旨句，开宗托旨。在公文和其他应用文书中，明白、准确地表达主旨的句子，叫主旨句。主旨句以介词结构"为了……"为特征。在正文开头用主旨句表明写作主旨，即为开宗托旨、开门见山。通知、通报、通告、报告、意见以及规章等文书常用此法。第二种，不出现主旨句，开宗托旨。有的经济文书首句并不出现主旨句，而是直接阐述意义、主张或基本观点。

3. 小标题揭示主旨

即将文稿的主旨分解成几个部分，每个部分用一个小标题来显示。使用小标题揭示主旨时，各个小标题的排序，应注意体现合理的逻辑关系。

4. 头尾呼应，显示主旨

即在正文的开头和结尾前后呼应，以突出主旨。这种方法通常是在开头部分率先提出一个与主旨相关的问题，而后在结尾部分做出明确回答；或者在开篇对某一情况或问题做出多种解释，而在结尾处得出正确结论等。

5. 转换揭旨

转换揭旨，也称片言居要，即在经济文书内容的重大转换之处揭示主旨，同时起到承上启下的过渡作用。

6. 篇末点旨

即在经济文书正文的结尾部分用简洁、明了的语言直接点明主旨。

1.3 经济文书的材料

材料是提供内容和用以提炼、确立、表达主旨的事实和观念,即材料是撰稿者为撰文而搜集、积累的能够表现文章主旨的事实或论据,或者说,材料是撰稿者形成或表达特定主旨所依赖和采用的一系列感性和理性认识。经济文书的材料包括理论观点、事实、上级领导的指示、文件和数据等。

经济文书的种类较多,对材料选用的要求也不尽相同,它既不同于记叙文需要时间、地点、人物、事件四要素,也不同于一般议论文需要的事实材料和理论材料。但可以肯定的是,经济文书材料的最大特点在于它所使用的数据、图表等实证性和专业性资料比其他任何文种都要多。

1.3.1 正确处理材料和主旨的关系

任何事实、观念都可以成为文章的材料,但任何写作都是有目的的行为过程,因此材料并非越多越好;材料只有成为主旨的支撑才有存在的必要,主旨也只有通过必要的材料才能确立。

主旨和材料应当在写作中得到统一,即主旨统帅材料,材料支撑主旨。主旨在经济文书中起着决定性的主导、支配作用,而材料是主旨的物质基础与支柱,没有材料,主旨有可能就成了一句空话。拥有翔实、典型、新鲜的材料去表现主旨,经济文书才会显得内容丰富、有说服力。

总之,主旨是取舍材料的主要依据;材料是提出问题的依据,是形成和确立主旨的基础,是表现和深化主旨的手段。

1.3.2 选择材料的原则

材料是写作经济文书的根本前提,是表现经济文书主旨的支柱,所以,写作经济文书要善于选择有代表性的典型材料、真实准确的材料和新颖有用的材料。真实是基础,切题是关键,典型和新颖是技巧,这是撰写经济文书时选材的四个原则。

1. 真实

撰写经济文书时，所选的材料，大到一个项目，小到一个数据，都必须真实准确、确凿无误，这是行文真实性和可信度的前提和基础。如果所选的材料缺乏真实性，就谈不上主旨的正确、集中、鲜明，整篇文章也就失去了应有的价值。所谓真实，即要确有其人，确有其事，符合实际情况，不能杜撰，也不能夸大或缩小事实，引文也必须认真核对，绝对不能出错。

2. 切题

撰写经济文书时，所选的材料必须具有针对性，即紧扣主旨，对主旨形成有力的支撑，否则那就是一些可有可无的材料，只有必不可少的材料才是切题的材料。所以，材料是否切题，要以主旨的需要为衡量标准。比如，要制定一个区域的产业发展报告，其主旨为"资源型可持续发展区域"，那么相关材料的选择就要围绕资源的类别、储量、开发利用能力、交通状况、环保措施等相关方面进行组织，进行可行性论证，舍弃无关的材料。对已经选定的材料，根据主旨的需要决定详略。凡是与主旨无关或似是而非的材料，都应舍弃。

3. 典型

撰写经济文书时，选材要精；精就精在"典型"上。典型材料是能以一当十、直击要害的材料，即能深刻揭示事物的本质，具有代表性和说服力的材料。

4. 新颖

撰写经济文书时，材料要新颖。这里的新颖主要包括两个方面：一是要尽量选取最新材料，即新近发生的别人未曾使用过的、鲜为人知的材料，如新人、新事，新方针、新政策，新的统计数字，新成果，新发生的问题等；二是通过最新的角度反映最新的思路和创新的意识。过期的材料，尽量不用。

1.3.3　使用材料的方法

使用材料的方法有如下三种：

1. 适当取舍，量体裁衣

所谓取舍，针对的是一些法规性、指令性文书，在撰写这些文书时，多数材料只是写作的依据，不写入正文，虽然已经经过了挑选，但实际写作过程中还是要适当取舍。所谓量体裁衣，是指根据文章体裁的不同，对选定的材料进行不同程度的剪裁加工。

2. 主次分明，详略得当

使用材料时，能直接说明、表现主题的，应置于主要地位；配合或间接说明、表现主题的，应置于次要地位。两者是"红花"与"绿叶"的关系。核心材料，要详细阐述；过渡性、交代性材料，要相应从略；读者感到生疏或难以把握的材料应详细阐述，读者了解或容易接受的材料可从略。

3. 条理清晰，排好顺序

对已选定的材料，应根据事物发展的过程、人们的认识规律以及材料之间的逻辑关系排列好顺序，将各种不同类型的材料合理搭配，有条不紊地写出来。

1.4 经济文书的结构

经济文书的结构是指文章各个组成部分的组合排列，它是全文的骨架，是表达主旨的手段。这里的结构既指宏观上的总体构思、大体框架，也指微观上的段落、层次划分，开头、结尾的安排，过渡、照应的设计，以及主次、详略的取舍等。经济文书的结构是撰稿者根据主旨、材料和文种等具体情况精心设计出来的。

1.4.1 结构安排的原则

经济文书由于种类较多，因此并没有完全统一的结构模式。比如，撰写合同就要将合同的条款按标的、数量、质量、价款等内容分条列项地写清楚；撰写通知就要将目的、依据、事项、执行要求等内容按顺序写清楚。虽然经济文书没有完全统一的结构模式，但总体而言，它仍具有大致相同的结构特点。

经济文书的结构安排应遵循如下四个原则：

1. 正确反映客观事物的发展规律和内在联系

经济文书的结构要正确反映客观事物的发展规律和内在联系；在结构安排上要遵循一般的逻辑顺序，不使用倒叙，也不使用插叙，目的在于消除阅读障碍。写事件，就应按照"开端—发展—结果"的逻辑顺序安排结构；写问题，就应按照"发现问题—分析问题—解决问题"的逻辑顺序安排结构。

2. 结构要服从表现主旨的需要

经济文书的结构安排要服从表现主旨的需要，顺利实现作者的写作意图，传达文章的主旨。如此才能使经济文书主旨明确，结构完整。这是安排结构的依据，也是安排结构的目的。从主旨的需要出发确定内容的先后、主次，不能平铺直叙。

3. 结构严谨有序，思路清晰

经济文书的结构安排要严谨有序。一份完整的经济文书一般应包括缘由、事项、结尾三大部分，写作者如何将这三部分有机地连贯起来，思路是很重要的。思路，是写作者对客观事物的思考的线索。有了思路，写作者才能按照主旨组织安排材料。思路是写作者在头脑中形成的一定的思考顺序，其表现形式就是文章的结构。结构是思考的结果，是思路的外在形式，任何文章的结构，都以思路为先导。

经济文书常见的思路有以下几种：

（1）递进思路。这是一种认识事物或事理由浅入深、由表到里、由低到高、由小到大、由轻到重，层层递进、循序渐进的思维方法。递进思路可以深入、清晰地阐释某些比较复杂的事理，说明某些比较复杂的关系，有助于人们深刻认识事物的本质属性，使文章达到一定的深度。

（2）并列思路，即运用平等、平行、并列的思维方法认识和对待事物或事理而形成的一种思路。并列思路将事物或事理平等看待，横向发展。

（3）比较思路，即运用比较和鉴别的思维方法而形成的一种思路。比较思路是应用文书写作的常用思路之一。需要注意的是，比较的标准要一致；要抓住事物的本质特征进行比较；要注意比较的灵活性，根据实际情况和写作需要，从多角度、多方面对事物进行比较。

（4）归纳和演绎思路。归纳和演绎既是两种方向完全不同的思维方法，又是互相依存的辩证统一体。归纳，是从两个以上个别的、特殊的事物或事理的共同属性中，推出同一类事物或事理的普遍性结论的推理方法。它是从个别到全体、从特殊到一般的思维方法，运用这种思维方法进行思考便形成了归纳思路。演绎是从普遍性的前提推出特殊个别性结论的思维方法。它与归纳的思维方向正好相反，运用这种思维方法进行思考便形成了演绎思路。在说理性较强的应用文书中，演绎思路的运用比较普遍。运用演绎思路时，作为根据、前提的一般性结论必须正确无误，才能进行直接演绎。

（5）综分思路是运用综合和分析的思维方法而形成的思路。分析就是把事物分成若干部分，分别加以研究，由总到分，化整为零，综合则是把事物的各个部分联合起来，从整体加以考察，也就是由分到总，集散为整。综合的过程，就是对具体事物组合、对抽象事物概括的过程。

（6）因果思路是运用探因和寻果的思维方法而形成的思路。在应用文书写作中，根据写作意图和受众的接受心理，常常采用由果溯因的思路。因果思路要全面分析导致结果或现状的原因；抓住主要的、根本的原因，同时也不能忽视次要的原因。

4. 结构完整、内容连贯

经济文书的安排结构要从全篇着眼，注意通篇格局，防止结构不完整、顾此失彼，要给人以整体感。具体来说，就是要做到开头部分、主体部分、结尾部分齐备，不可无故残缺其中任何一个部分。同时，各个部分之间，在内容上要相互连贯、井然有序。

1.4.2 结构特点

经济文书的结构具有以下几个特点：

1. 表格化

表格化文书是将某种文书应具备的各种内容项目事先设计好，制成统一的表格，供相关人员填写而成的一种文书样式。这种文书具有内容完备、格式规范、简单明了、易于填写的特点，往往在权威部门办理重要审批事项时被广泛使用。如工商行政管理部门使用的企业登记申请文书，税务部门使用的税务登记表、纳税申报表、减免税申请书，金融机构使用的借款合同、贴现凭证、信托合同，保险公司使用的投保单、保险单，海关管理部门使用的报关单、出口商品检验申请单等。

2. 条文化

条文化是指采用条文式的结构形式，将有关内容进行归类，分条加以陈述说明。这种结构的文书正文可有总分章条式、章断条连式、章断条断式等，常常是第一条即开头，最后一条即结尾，干净利索，不拖泥带水。典型的条文式经济文书包括各种经济合同、技术合同、对外贸易合同等。因其内容全面、具体、明确，表述准确、严密、简洁，可采用条文式写法，按照事物的内在联系和外部特征，将内容适当归类，概括为一条或一项，然后依次加以陈述说明，最能充分表现其内容的逻辑关系，因而这种条文式的结构自然成了各种合同的最佳表现形式。

3. 模式化

模式化是指结构布局要按照一定的规格、标准和要求进行，形成一种大体固定的模式。它是一种简化和浓缩的格式，具有一定的抽象性和概括性，这种模式可以暂时脱离内容，单独剥离出来，成为一种便于仿效和学习的有秩序的程序，也便于识别、写作、阅读、处理，可以更好地适应快节奏的经济工作。采用模式化结构的经济文书有很多，如常用的市场调查报告与经济预测报告、审计报告、经济活动分析报告、诉讼文书等都采用这种结构方式。在具体写作时，写作者可以根据实际情况有所侧重，灵活处理。

1.4.3 层次与段落

经济文书的篇章结构，表现为段落、层次的有机组合。

经济文书常见的结构形式有三种：

1. 横向结构

横向结构的思路是横向铺排，或按事物的组成部分展开，或按空间分布展开，或按事物的性质归属关系展开。横向结构又分为两种形式：

（1）并列式，即围绕主旨，把选用的材料进行分类。这种方式从横向的逻辑联系入手，把选用的材料逐条逐项并列排出，按其性质归类、组成层次，分别从不同方面对主旨加以说明，各个层次表现为平等并列关系。条例、规定、办法、细则等文书多采用这种结构形式。

（2）总分式，这种结构体现了领属关系或整体与部分的关系。换句话说，在构成经济文书的全部层次中，先从总体上概括内容，然后再具体分述；或先提出总的观点、主张，然后再具体说明。在总结、计划、通报、报告中多以先概括后分述的方式，在命令（令）、决定、请示、通知、通告中多是先交代观点，然后具体陈述主张和办法。

2. 纵向结构

这种结构常以事物的发展阶段或时间的推移为顺序来安排层次段落，各个层次段落之间表现为递进、因果、承接关系，文意由浅入深层层展开。纵向结构又分为三种形式：

（1）直叙式。这种结构或按时间先后顺序，或以事情的发生、发展或变化过程为序。直叙式结构较为单一，常用于内容简单、叙事性强、时间性强的公文。

（2）因果式。公文的层次由原因与结果两个要素构成，排列顺序为由因到果或由果溯因。因果式结构在决定、意见、请示、函等文书中的使用频率比较高。

（3）递进式。按照事理的展开或认识过程来安排结构，可以循着叙事—说理—结论或由浅入深层层推进，或提出问题—分析问题—解决问题。这种结构常用于说理性较强的公文，或者是针对问题解决问题的公文。

3. 纵横交叉结构

有些篇幅较长的公文运用的不是单一结构，而是将前面两种结构交叉运用。这里的交叉并非杂乱无章，而是有主有从。或是以纵为主、以横为辅；或是以横为主、以纵为辅，脉络、思路仍然十分清晰。

段落是构成文章的基本单位，它是小于层次（有时也会有一个段落自成一个层次的情况）大于句子的结构单位。段落的划分使文章的结构更明晰、更有条理。

段落、层次是有机的。内容简单的文书，层次段落是合一的，一个层次只有一个段落；内容复杂的文书，一个层次由多个段落组成，一篇文书由多个层次组成，即大层次下有中层次，中层次下有小层次。层级的多寡视文书内容的需要而定。

1.4.4 过渡与照应

所谓过渡，即在经济文书写作中，把上下文之间、两种不同意思的衔接和转换，或把有所间隔、有所转折的层次和段落联系在一起的形式或手段。过渡具有承上启下的作用。过渡的方式有三种：一是关联词语，二是过渡句，三是过渡段。

（1）关联词语是指在复句中用来连接分句，并表明分句之间关系的连词、副词和短语。常用的关联词语有"因此""但是""然而""总之""综上所述"等，一般出现在下段起首。

（2）过渡句是一种常见的句式，在两个内容的接驳处，起到承上启下的作用。过渡句或出现在上段末尾用以"启下"，或出现在下段开头用以"承上"。

（3）如果前后文内容差异较大，那么就要安排一个段落承上启下，这个段落就叫过渡段。过渡段不是独立的意义段，主要功能不是表达意义，而是完成内容的转换。

照应，指文章中不相邻的层次、段落间的关照与呼应。合理地运用照应这种手法，不但能使文脉贯通、结构严谨，还能使文章中某些关键的内容得到强化。应用文书写作中的照应，主要用于强调重点内容，引起受文者的注意；突出写作主旨，以加深受文者的印象；深化写作主旨，帮助受文者了解文书的脉络和内在联系。

需要指出的是，过渡和照应作为贯通文脉、严密结构的手法，在全部的结构层次中起辅助作用，并非必不可少。因此，写作者不必刻意要求非要不可，否则会破坏文书结构的严密性和内容的周延性。

1.4.5　常见的开头方式

在应用文书写作中，开头起到了统领全文、揭示主旨或全文的作用。开头应符合主旨，开门见山，自然而然地引入正文。

经济文书常见的开头方式有以下几种：

1. 小结概述式

在经济文书开头用简明扼要的语言围绕主旨介绍有关情况或者背景。这是会议纪要、调查报告等文书常用的开头方式。

2. 说明依据式

开头引用上级指示精神或有关法律，常以"根据……""按照……""遵照……"等词语领起下文。这种方式常在通知、批复、通告、规章等文书的开头使用。

3．陈述目的式

开头以简明的语言，直接说明写作的目的和意义，常用介词"为……""为了……"领起下文。

4．说明原因式

开头常用"由于……""鉴于……""因为……"等词领起下文，也可以简述发文的原因，再引出写作目的。

5．阐述议论式

开头用议论的方法，表达作者的看法，提出观点。

6．开头提问式

开头先提出问题，然后引出下文。这种方式能引起受文者的注意和思考。提问式开头常见于调查报告、学术论文的写作。

1.4.6　常见的结尾方式

经济文书常见的结尾方式有以下几种：

1．强调式

在文章结尾对文中提出的问题进行强调，以引起重视。

2．结论式

对文中的主要观点或问题，加以归纳总结或略做重申，以加深印象。

3．说明式

对与主体内容有关但性质不同的问题或事项做补充交代、说明，以保证内容的完整性。如在文章结尾交代实施日期、执行范围、传达对象、与该文规定不符的原有规定如何处置等；在论文结尾说明尚未解决而应另作讨论的问题。

4．号召式

提出希望，发出号召，展望未来。如通报、市场预测报告、倡议书、计划等文书常用这种结尾形式。

5．建议式

针对设定的实施目标、存在问题提出要求或建议。

除了上述几种结尾方式，还有请求式、责令式、表态式等，有的文书则没有结尾，在正文结束后自然收尾。

1.5 经济文书的语言规范

语言是文书形成的物质基础,是文章的细胞。经济文书作为一种适应市场需求的应用文体,它在语言表达上具有自身的特点和要求,写作者只有了解和把握这些特点和要求,才能提高经济文书的写作质量,使经济文书更好地发挥其功用。

1.5.1 表达方式

经济文书主要有以下几种表达方式:

1. 说明

说明,即用简明扼要的文字,对客观事物或事理的形状、性质、特征、原理、规律、作用等属性进行阐释的一种表达方式。

在经济文书中,说明是主要的表达方式之一,常用的说明方法有定义说明、分类说明、举例说明、数字说明、比较说明、图表说明、引用说明等。

在经济文书行文时,往往是将说明与叙述、议论一起使用,多种表达方式结合使用,可以使表达更清楚、有力。

2. 叙述

叙述是有次序地交代人物的经历、言行和事件的发生、发展变化的过程的一种表达方式。完整的叙述一般包括六个要素,即时间、地点、人物、事件、原因、结果。叙述是最基本的表达方式,在应用文书写作中的使用频率最高。

在经济文书行文时,以概括叙述为主,注重对事件的整体勾画,不要求细节的具体、内容的详尽;只叙述与表达主旨、说明问题有直接关联的部分,或者只是综合地、概括地叙述若干人或事的共同点。

3. 议论

议论,即议事说理,对客观事物或问题进行分析、评论,提出看法和措施,表明观点和态度,并用充分的材料证明自己观点的正确性。

经济文书中常用的论证方法有例证法、引证法、对比法、因果法等。

在经济文书行文时,多以正面论证为主,旗帜鲜明地表明观点;往往将议论与其他表达方式一起使用,夹叙夹议是最常见的方式;常常采用不完整论证法，以简化论证过程，直接表明论证的结果、立场、主张等。

4. 图表

它是经济文书常用的表达方式之一。图表的类型主要有表格式、图形式和表格图形结合式。

在经济文书行文时，有许多数据、资料单用文字难以说清，如果能借助于图表，那么既形象直观，又便于分析、判断，其效果是说明、叙述和议论等表达方式无法达到的。

在经济文书行文时，图表往往与说明一起使用，尤其常与数字说明、比较说明等方法一起使用。

1.5.2 语言特点

经济文书的语言除具有一般应用文书语言准确、简练、平实、庄重的共性外，还有其个性。具体来说，经济文书的语言具有以下几个特点：

1. 用语专业

经济工作一般会涉及财政、金融、工商、税务、审计、贸易等专业领域，而作为经济活动反映载体的经济文书，如企业报告、财务分析报告、经济合同、审计报告、招标公告、税收分析报告、经济仲裁申请书等，必然要使用一系列的专业术语。因而，大量使用专业术语不仅成为经济文书写作的一大特色，也使经济文书体现出鲜明的专业性。专业术语特指性强，这就向经济文书的写作人员提出了更高的要求，只有深入了解相关领域的政策、业务和专业知识，正确运用专业术语，才能提高经济文书的写作水平，保证经济文书的质量。

撰写经济文书时，专业术语的使用要得当，可用可不用的尽量不用，一些非用不可而又不为一般人所熟悉的术语，可适当加以注释。

2. 表达数字化

在经济文书中，经常用数字来揭示经济活动的本质，把握各种经济现象发生质变的数量界限，描述商品生产和销售等事物发展的过程，说明事物内在的因果关系以及进行预测性研究等。有时为了更加直观，还可以运用图表，将抽象的数字形象化，如对比鲜明的表格、柱形图、饼图、条形图等在经济文书中都得到大量的使用。

数字的使用一定要实事求是，统计数据要精确，特别是在专业文书中；书写要规范，内文中的数字一般为阿拉伯数字；在一些非专业文书如经济新闻中，不妨将一些专业性较强的统计数据换算成生动可感的数字；图表多用于经济专题报告中，如财务分析报告、统计分析报告、可行性研究报告等，一般不用于经济消息或经济常用行政公文中。

3. 语言规范简洁

经济文书只有语言规范简洁，才便于迅速阅读和处理，提高办事效率，从而适应高速度、快节奏的现代社会。

经济文书语言的规范性主要体现在语法的规范性上，即语言表达应该符合普通话书面语的语法规则，避免出现语病。在语言表达方面稍有疏漏，就有可能被"钻空子"，就会给经济活动带来不好的影响。

规范简洁的语言不仅有利于直接鲜明地表达作者的意图，还易于读者理解作者所表达的意图，能够最大限度地实现经济文书的实用价值。

4. 表达精准

经济文书最主要的目的是交流信息、加强管理，进而推进经济工作的开展，提高工作质量。例如，一份经济合同，如果出现语言漏洞、歧义，或者表意不明，必然会使人看后感到无所适从，甚至引起争议或纠纷。经济文书能否准确地表述事物和信息，将直接影响其效益的发挥。而要准确地表述事物和信息，就必须准确地运用词语。

撰写经济文书时，在用词方面要注意以下两点：

（1）不宜使用"似乎""大概""差不多""将近""左右""一定数量"等表意含混不清的词语。

（2）分清词语表意上的细微差别。在表达同一个意思时，有时可有几个意义相近的词语供选择，这时就要特别注意词语表意上的细微差别。

5. 适当使用模糊词语

经济文书的用词固然讲求规范恰当，准确无误，但在某些特定的语境中，却需要适当地使用模糊词语。所谓模糊词语，是指外延不确定、作者有意不详细交代或内涵不确定的弹性语言。在经济文书中使用模糊词语，有时能使经济文书的语言表达更加准确简明。例如，"按有关文件规定"中的"有关文件"，是明确存在的，但在文书中一般不需要将文件一一列出，因此，"有关文件"便有了模糊性。类似的还有"某些地区""某些单位""部分干部""诸多因素""不少问题"等。在经济文书的写作过程中,或是限于文章的篇幅,或是为了表达的概括性,不可能事无巨细地列出所有的事和物。由此看来,这些表示不确切数量的模糊词语的使用,反而尽可能地避免出现遗漏,使表意更加严谨周密。

总之,经济文书作为一种适应市场需求的文体,它在语言表达上具有自身的特点和要求,写作者只有了解和把握这些特点和要求,才能提高经济文书的写作质量,使经济文书更好地发挥其作用。

第 2 章
企业管理类文书

作为经济活动的基本单元，企业在生产经营过程中越来越需要科学的组织与管理。而企业管理类文书对企业的生产经营管理起着执行、指导、协调和凭证的重要作用。它是经济文书中必不可少的组成部分。

本章将重点介绍企业请示、企业报告、企业通报、企业工作总结、企业工作计划、企业经营决策方案、企业章程、企业会议纪要、企业会议方案、企业汇报提纲、企业函、企业简报等常用文书的格式写法、写作注意事项及范文模板。

2.1 企业请示

企业请示是针对本企业权限范围内无法决定的重大事项，如机构设置、人事安排、重要决定、重大决策、项目安排等问题，以及在工作中遇到新问题、新情况或克服不了的困难，向上级机关或业务主管部门请求给予指示、批准和答复时使用的一种上行文书。

在我国，国有企业有的重大事项需要向其主管部门国务院国有资产监督管理委员会（简称国资委）进行请示。受监管企业须向国资委请示并经审批的事项主要有：所监管企业及其重要子企业改变主营业务（含与企业主营业务相关的各种资质的转移）、转让核心技术和知名品牌的事项。所监管企业及其重要子企业重组、收购、合并、分立、变更企业组织形式及破产、解散、增加或减少注册资本事项。修改公司章程。公司发行股票或债券。国有产权（股权）转让。所监管企业及其重要子企业的重大投融资事项。所监管企业及其子企业间的担保行为，单笔担保金额在100万元以上或一个年度内累计担保金额在200万元以上的；所监管企业及其重要子企业为其他企业或个人提供担保的。所监管企业负责人兼任其子企业负责人的。国有及国有控股企业董事会成员、经理层及总工程师、总经济师、总会计师持有本公司股权及持有所控股、参股公司股权的事项。税后利润分配方案和弥补亏损方案。工资总额计划及经营者薪酬的调整。年度财务预算、预算方案调整及决算方案形成事项。制定企业发展战略、发展规划、总体改革方案事项。其他需要向出资人请示的事项。

根据企业请示的不同内容和写作意图，可以将其分为请求指示的请示和请求批准的请示两类：请求指示的请示多涉及政策、认识方面的问题；请求批准的请示多涉及人、事、财物、机构等方面的具体问题。

2.1.1　格式写法

企业请示一般由标题、称谓、正文、落款四部分组成。

1. 标题

企业请示的标题一般有三种写法：一是由发文单位名称、事由、文种组成，如"××××关于××××的请示"；二是由事由、文种组成，如"关于××××的请示"；三是直接写文种，即只写"请示"二字。

2. 称谓

即对受文单位的称呼。

3. 正文

企业请示的正文一般由请示缘由、请示事项和请示要求三部分组成。

（1）请示缘由，即提出请示事项和请示要求的理由、背景及依据。请示缘由是写作请示的关键。先把缘由讲清楚，然后再写请示事项和请示要求，这样才能顺理成章，有说服力。

（2）请示事项，即请求上级机关批准、帮助、解答的具体事项。请示事项是请示的核心内容，要符合国家法律法规，符合实际，具有可行性和可操作性。请示事项要明确、具体，不能含混不清，也不能把原因、事项混在一起写；同时要表明自己的看法，提出处理意见。

（3）请示要求常见的写法有："以上请示，请批复""以上意见当否，请指示""以上请示，请审批""妥否，请予审查批复"等。

4. 落款

落款即在正文后另起一行写明发文单位名称和发文日期。若标题中已有发文单位名称，此处则可省略，但要加盖公章。

2.1.2 写作注意事项

企业请示应一文一事，在一份文件中不允许有两个或几个不相关的请示问题；一般只写一个主送机关，即使需要同时送其他机关，也只能用抄送的形式。

企业请示属于祈请性、期待性的上行公文，因此要写清楚所请示问题的背景、理由及相关情况，做到请示要有合理性和必要性，不仅如此，还应表明自己的处理意见，以便上级机关批复时参考。

企业请示是有针对性的上行文，主管部门对呈报的请示事项，无论同意与否，都必须给予明确的批复回文。

企业请示未经上级部门批复的，不能生效或实施。各级机关和部门不得越级请示。在特殊情况下越级行文，必须抄报越过的机关。

请示内容必须是真实可靠的。

2.1.3 范文模板

关于××××药业××××分公司改制设立有限责任公司的请示

××××药业集团股份有限公司：

为进一步转变企业经营机制，充分享用市、区政府支持××地区发展的各项优惠政策，扩大××××药业在××地区医药市场占有份额，全面提升企业经济效益，经与××区人民政府充分友好磋商，拟由××××药业××××分公司与××区人民政府共同发起设立××××药业××××有限责任公司（暂定名）。（具体方案附后）

妥否，请批示。

附件：（略）

×××× 药业×××× 分公司

××××年××月××日

2.2　企业报告

企业报告是下级单位按照上级机关的部署或工作计划，将工作情况、今后的打算、取得的成绩、存在的问题和答复上级机关对有关问题的问询，向上级机关或业务主管部门汇报时使用的上行文书。

在企业工作，每完成一项任务，一般都要向上级汇报，反映工作中的基本情况、工作中取得的经验教训、存在的问题以及今后的工作设想等，以取得上级领导部门的支持。

企业报告，因其实用性很强，反映问题具体，因此，在企业行政文件中使用频率较高。

企业报告种类很多，分类方式也有多种。按照报告的内容，企业报告可以分为财产抵押报告、境内投资情况报告、企业重大生产经营事项报告、上市公司募集资金情况报告、企业资本结构情况报告、人事调整报告、企业执行法律情况报告、年度工作报告等；按照报告的形式，企业报告可以分为综合性报告和专题报告。

2.2.1　格式写法

企业报告一般由标题、称谓、正文、落款四部分组成。

1. 标题

企业报告的标题一般有两种写法：一是由发文机关、事由和文种组成，如"××××关于××××的报告"；二是由事由和文种组成，如"关于××××的报告"。

2. 称谓

即对企业报告所报送单位的称呼，一般是上级机关或业务主管部门。在标题下另起一行顶格写明主送单位。

3. 正文

从形式上看，企业报告正文均包括开头、主体和结尾三个部分。

开头部分多使用的是导语式、提问式，简明扼要地将一定时间内工作的有关情况，如依据、目的、总的行动及对整个工作的估计、评价等一一概述。之后用"现将有关情况报告如下"承上启下，领起下文。

主体部分是正文的核心，即报告要阐述的具体内容。由于报告的内容不同，撰写者所采取的写作方法也不同。如果是情况报告，其主体部分应分析情况产生的原因，接着总结经验教训，最后提出下一步的工作计划；如果是建议报告，其主体部分应论述问题与提出建议，写作的侧重点在今后工作的意见和建议上。

企业报告的结尾部分应根据报告的内容采用与之相应的结尾方式。常见的结语有"特此报告""专此报告""请审核""以上报告，如有不妥，请指正"等。

4. 落款

落款处注明发文单位名称和发文日期，并加盖公章。

2.2.2 写作注意事项

不管是向上级机关报告工作，还是向职工代表大会报告工作，其目的都是使上级机关或企业员工全面掌握企业的情况，以便制定有针对性的方针、政策、决议、决定，因此，报告的观点必须正确；报告中的事实材料必须是真实的、可靠的。

企业报告以陈述为主，重在写具体内容。在综合性报告写作中，应注意点面结合，做到深度和广度的统一。在专题报告写作中，应始终围绕工作中的某个情况或问题进行叙述和说明，一般不展开论述。在建议报告写作中，叙述的问题和情况要切中要害，突出重点、要点，建议或意见要清晰明确，切实可行，针对某项工作提出系统完整的方法、措施和要求。

企业报告大都有备案的作用，一般不需要上级机关或业务主管部门做出批复。需要上级机关批准转发有关部门共同协助贯彻执行的报告，应在结尾处写明"以上意见，如无不当，请批转有关部门执行"之类的语句；不需要批准转发的报告，也应用请示的语气，以示尊重上级。

企业报告是陈述性公文,因此,要言之有物,语言要简练,多陈述,少论述,少说大话、空话。

2.2.3 范文模板

××××公司××××年度工作报告

××××年是××××公司上市后第一个完整的经营年度,也是公司严格按照上市公司运行规则运营管理的一年。这一年,公司面貌焕然一新,在多个方面取得了良好的经营成果。

一、××××年公司完成的主要工作

(一)巩固了省内主营业务市场的龙头地位

为××省交通运输事业提供全方位服务和技术支撑,始终是公司发展的一个重要着力点,省内交通设计业务市场一直是公司最重要的业务市场,对公司发展的意义不言而喻。××××年,公司创新性地开展××省交通运输厅重点项目的生产管理工作,挖掘生产潜力、提高生产效率、推进项目考核制度和项目管理制度,实施项目进展动态监控等,顺利按照进度要求完成了各项目的工作目标,为××省××××年高速公路"××××"顺利实施奠定了基础。服务水平和服务质量的提升,使公司在省内主营业务市场的龙头地位得到进一步巩固。

(二)经营管理理念发生了可喜的变化,经营工作成效显著

××××年,公司的经营管理理念发生了一些积极的变化,主要表现在以下几个方面:

一是用服务带动经营,用服务提高客户黏性。靠主动服务取胜、靠服务质量取胜、靠提高客户的满意度取胜,已成为做好经营工作、提高市场占有率的共识。

公司经营人员还总结出"常联系才能有下文"、要对客户"放下身段、贴身服务、贴心服务"等工作心得,由于经营人员的努力,××××年,公司的客户尤其是重点客户大量增加。

二是着眼公司的整体利益,不计较本部门的得与失。公司的经营工作是一个整体,是互补和相互促进的关系,××××年,各部门几乎都摒弃了

单打独斗的意识，使相互协作、相互支持成为常态。例如，公司××××规划院，就是着眼全局，不计眼前和部门利益，以规划研究为抓手，把握××××发展的方向，提供了很好的前期工作信息，靠前期优质的服务，为公司赢得了项目的主动权。

三是细化目标分解，实时动态考核。……

在经营理念变化的同时，公司在多个方面取得了可喜的成绩。

一是区域经营工作取得成效。……

二是资质增加。……

三是战略合作伙伴增加。……

（三）科技研发、新技术应用进入新阶段

……

（四）员工队伍进一步扩大，素质更高、梯队结构更合理，公司人才高地效应更突出

……

（五）组织开展深化精细化管理专项活动

……

二、公司面临的形势和发展机遇

和以前相比，目前公司所面临的外部环境和内部环境都发生了深刻变化，这对我们来说，既是机遇，也是挑战。

（一）外部环境的变化

……

（二）公司的优势和发展空间

……

三、××××年的主要工作思路

××××年我们需要认真做好以下几个方面的重点工作：

（一）编制完成公司战略发展规划

……

（六）加强企业文化建设，实现与员工共同成长

……

××××公司
××××年××月××日

2.3 企业通报

企业通报是企业用于表彰先进、批评错误、传达重要精神和告知重要情况的应用文体，它主要用于本企业交流经验、总结教训、教育干部、改进工作等。

按内容划分，企业通报可分为三种：表彰性通报、批评性通报和情况通报。

2.3.1 格式写法

企业通报一般由标题、正文、落款三部分组成。

1. 标题

企业通报的标题一般有三种写法：一是由发文单位名称、事由和文种组成，如"××××关于××××的通报"；二是由事由和文种组成，如"关于××××的通报"；三是直接写文种，即只写"通报"二字。

2. 正文

企业通报的正文通常由开头、主体和结尾三部分组成。因发文的目的和内容不同，企业通报的写法也不同。

（1）表彰性通报

表彰性通报的正文分为四个部分。

第一部分：叙述先进事迹。这部分用来介绍先进人物或集体的行动及其效果，要写清楚时间、地点、人物、事件、过程。写作时尽量使用概括叙述的方式，如有需要，可以使用描写的手法。事实叙述得不但要清楚明白，而且要详略得当、重点突出。

如果是基层单位表彰个人先进事迹的通报，事迹还可以更加具体一些。当运用描写的手法表彰先进集体时，不要逐一写出被表彰者的事迹，而要概括出集体共同的特性。这样既表彰了集体的一贯作风，又表彰了某个特别突出的事例或个人，起到鼓舞人心的作用。

第二部分：分析评议。这部分主要采用评议的写法，但并不要求撰写者有严谨的推理，而是在概念清晰的前提下，以判断为主，指出其典型意义，或概括其主要经验。语言应精练简洁。

第三部分：提出表彰。这部分主要写由什么会议或什么机构决定，给予被表彰者怎样的表彰和奖励，要以精神奖励为主，物质奖励为辅。

第四部分：发出号召。在这部分，希望被表彰者再接再厉，号召其他人学习先进，做好工作。发出号召是发文的目的，也是全文的思想落脚点，要写得完整、得体，富有逻辑性。

如果是转发式的表彰通报，正文部分应先对下级单位所发的这个材料进行评价，加上批语，即对被表彰者进行评议等，再发出号召或提出要求。

（2）批评性通报

批评性通报是针对某个错误事实或某个比较典型的责任事故而发布的通报，批评错误行为，揭露问题、处理责任事故，提出要求及应采取的措施，以达到针砭、纠正、惩戒、教育的目的。它可以针对某个人所犯的错误事实而发，如《××××集团关于×××挪用××××经费的通报》；也可以针对普遍存在的某个问题而发，如《××××公司关于部分分公司设立小金库的情况通报》。

批评性通报的正文分为四个部分，即阐述错误事实或现象、错误性质或危害性分析、惩罚决定或治理措施、提出希望要求。

第一部分：阐述错误事实或现象。如果是对个人的错误进行通报，那么这部分要写明犯错误者的基本情况，包括姓名、所在单位、职务等，然后是对错误事实的叙述，要写得简明扼要，完整清晰。如果是对单位部门的不良现象进行通报，那么这部分要占较大的篇幅，需要进行比较详细的叙述。如果是针对普遍存在的某个问题进行通报，那么这部分要从不同地方、不同单位的许多同类事实中，选择一些具有代表性的事实进行综合叙述。

第二部分：错误性质或危害性分析。如果是对个人单一错误事实进行通报，那么这部分要对错误的性质、危害进行分析，但一般都写得比较简短。如果是对综合性的不良现象或问题进行通报，那么这部分可能要写得复杂一些。

第三部分：惩罚决定或治理措施。若对个人单一错误事实进行处理，则要写明处理意见是根据什么规定或者经什么会议讨论决定的，给予什么处分等。若对普遍存在的错误现象或问题进行处理，则要在这部分中提出治理、纠正的方法和措施；内容复杂时，这部分可以分条列项写出。

第四部分：提出希望要求。在这部分中，发文单位要对受文单位提出希望要求，以便受文单位能够高度重视，认清性质，吸取教训，采取措施。此处的"要求"往往是一些原则性的指导意见和警告，只须概括地提出，无须详尽地说明，篇幅不宜过长。不过，也不宜过于笼统。如果是针对一些违纪比较严重的现象进行通报，结尾部分的措辞可以更严厉一些，譬如提出"若继续违纪，则要登报、严惩"等警告。

（3）情况通报

一般来讲，情况通报的正文大体包括开头、主要做法和成绩、存在的主要问题、今后的打算或要求四个部分。

第一部分：开头。情况通报的开头一般不用长篇大论，主要是概述一下通报的内容，或阐述一下总的情况，简要说明做法或特点，取得的主要成绩，做出总的评价。作为开头，文字不宜过长，要综合归纳。

第二部分：主要做法和成绩。这是情况通报的核心部分，主要用来阐述有关情况、传达某些信息，分析情况，阐明意义。通常这部分的内容较多，篇幅较长，要注意梳理归类，合理安排结构。

在这一部分，要注意叙述顺序，一般是先总叙后分叙。总叙主要把整体的情况说清楚，有时可通过局部情况的叙述来反映整体情况，但前面要加限制词，如"大多数单位""有的单位""有些单位"等。为了增强说服力，在总叙以后，要选择比较典型的、有代表性的事例加以印证。所谓的典型事例既可专指，也可泛指，事例要进行取舍，以求精当，重在摆事实，对一些具体过程可少写或不写。

第三部分：存在的主要问题。同样是情况通报的核心部分。"问题"，即工作中由于主观或客观因素造成的失误，或者需要解决的矛盾。在情况通报中，为了客观地反映情况，写作者通常在阐述完成绩之后，会对工作中存在的问题进行必要的阐述。在阐述问题时，需要注意两点：一是问题要说透。不要把问题说得太抽象，或者看似是问题实则不是问题。在阐述问题时可具体到某个单位，也可不这么写，要视情况而定。二是措辞要恰当，不要为了突出问题而肆意夸大其词，也不要为了掩盖问题而随意淡化。

第四部分：今后的打算或要求。"今后的打算"是指上级机关对于今后工作的安排；"今后的要求"则是指上级机关对于主送单位的要求。无论是安排或要求，在一份情况通报中，只能有其中一种，而不应同时都写，具体选哪一种，应视发文需要而定。写法因文而异，总的原则是抓住要点，切实可行，简练明白。

3. 落款

落款处写明发文单位名称及发文日期。若标题中无发文单位名称，则必须在落款处写上。通报一般不用公文编号。发文日期，有的写在标题中，有的写在落款处。

2.3.2　写作注意事项

企业通报反映的内容是那些具体的正反典型事例。无论是表彰先进、批评错误，还是传达重要精神或情况，都要求是典型人物、典型事件和典型情况，以典型来指导工作，惩戒错误，交流经验，传达意见。

通报决定要恰如其分。无论是哪一种通报，都要做到态度鲜明，分析中肯，评价实事求是，结论公正准确，用语把握分寸。否则，通报不但会缺乏说服力，而且有可能产生副作用。

对于所通报的事实，要认真核对，客观反映，不能夸大或缩小，用词要注意分寸，尤其是批评性通报。

企业通报一般采用叙述的写法，所以必须做到叙事清楚，简明扼要。

2.3.3　范文模板

关于一起严重责任事故的情况通报

最近，我厂生产部门忽视安全的现象又有所滋长，以致继木工车间失火事故之后，又发生了一起严重的责任事故。

××××年××月××日下午××时，我厂生产管理处设备科设备仓库工人王××、张××两位同志，用3吨的铲车运送仪器设备，由王××驾驶铲车，张××则站在铲车前面的两根铲条上扶住仪器。行驶到××××车间前，因前有一辆卡车卸货挡道，王××立即掉头按原路返回。铲车大转弯掉头时行驶过快，由于离心力的作用，将张××连同仪器甩出车外，张××当场昏迷。经送医院急救，医生诊断为脑出血，并于当日施行脑部手术，护理至××月××日出院，目前情况尚可。价值数千元的精密仪器已严重损坏，一时难以修复。

这次严重事故的发生，是由于工人没有严格贯彻执行安全操作制度导致的，除由生产管理处在有关部门进行安全生产教育外，特根据厂长指示通报全厂。希望生产、科研、后勤、基建等部门吸取教训，认真检查本部门的不安全因素，制定切实可行的安全措施，防止类似事件再次发生。

厂长办公室
××××年××月××日

2.4 企业工作计划

企业工作计划是企业或其某个部门、单位对一定时期的工作或任务进行预先打算和安排的一种文书。它主要是对未来一段时期内的工作进行科学的预测并加以明确，针对工作目标和任务提出具体要求，制定合理可行的措施。

企业有了工作计划，可以调动多方面的积极因素，使员工工作起来"心中有数"，增强责任心和主动性，减少盲目性，形成良性循环，不断激发员工的工作积极性。企业有了工作计划，可以随时掌握工作、生产的进度，便于检查任务完成情况，从而保证工作、生产一个阶段一个阶段地稳步发展。如果某个环节出现特殊情况，未能完成指标，就可以根据这一特殊情况，及时采取有力的应急措施，加快步伐，并在后面几个环节中弥补，从而使整个计划能够顺利完成。

企业工作计划的种类很多，可以按不同的标准进行分类。按计划内容可分为工作计划、营销计划、科研计划、分配计划、财务计划等；按计划效力可分为指导性计划、指令性计划等；按计划性质可分为综合计划、单项计划等；按计划范围可分为公司计划、部门计划等；按计划时间可分为长期计划、中期计划、短期计划等；按表现形式可分为条文式计划、图表式计划、条文图表结合式计划。这里需要强调一点，依据这些分类标准进行划分，所得到的计划类型并不是相互独立的，而是密切联系的。

2.4.1 格式写法

从内容来看，企业工作计划主要包括制订计划的目的、依据，计划的内容，完成计划的步骤、时间、措施等项目。

从形式来看，企业工作计划一般由标题、正文、落款三部分组成。

1. 标题

企业工作计划的标题一般包括发文单位名称、时间、事由和文种等要素。具体有两种写法：一是完整式标题，由发文单位名称、时间、计划内容和文种四部分组成，如"××××股份有限公司××××年生产经营计划"。二是省略式标题，即视实际需要省略某些要素。省略时间的，如"××××有限公司工作计划"；省略发文单位名称的，如"××××年市场销售工作安排"；省略发文单位名称和时间的，如"××××工作计划"。

若工作计划不成熟或未正式通过，一般要在标题后面用括号注明"草案"或"讨论稿"之类的文字。

2. 正文

工作计划的正文一般由前言、主体和结尾三部分组成。

（1）前言。前言部分一般简明扼要地写出这四个方面的内容：指导思想，即制订工作计划的依据；概括本单位的基本情况，分析完成工作计划的主、客观条件；提出总的任务和要求，或完成工作计划指标的意义；指出制订工作计划的目的。以上四个方面的内容可根据实际情况做出适当选择。

之后，以"为此，特制订工作计划如下"等惯用语为过渡语，引出主体部分。

（2）主体。工作计划正文的主体部分包括任务、要求、措施、步骤、期限等内容。这部分是要求实施和随时对工作计划落实情况进行检查的依据。所以，提出的任务、要求应当明确，完成任务的措施、步骤、期限等要具体可行。措施和步骤可分开写，也可放在一起写。

任务和要求是工作计划的主体，明确回答"做什么"的问题。这部分是全文的核心，应该展开来写，分条列项，尽可能明确具体，使"做什么"一目了然，心中有数。

工作计划的措施、步骤包括落实工作计划的过程与做法。措施是指"怎么做"，即采取何种办法，利用什么条件，由何部门何人具体负责，如何协调配合完成任务。步骤是指"完成过程",即实现计划分几个步骤或几个阶段。措施、步骤要尽可能具体详尽,便于检查,以确保在工作计划执行过程中环环相扣,顺利进行。

期限是指"何时完成",即完成计划的具体时间。

工作计划的主体有三种写作方式:一是条文式,适用于内容简单的工作计划,即把下一阶段的工作计划分成若干项目,逐项逐条地写明具体的任务要求、措施办法、执行人员、完成时间等。二是分部式,适用于复杂的工作计划,即把工作计划主体部分分成若干部分,每部分可用小标题概括重点或提示内容范围。三是贯通式,适用于短期的、单一的、具体的工作计划,即依自然段落分层次写,开头常用提示句。

在正文中不便表述的内容,可另添加附件。

(3)结尾。工作计划的结尾部分可以说明工作计划的执行要求,也可以提出希望或号召。有的工作计划主体内容表述完毕,全文就结束了,因此,写不写结尾,要根据内容表述的需要确定。

有附件的工作计划,附件名称应注于正文之后,落款的上方。

3. 落款

企业工作计划的落款包括署名和时间两项内容。署名即注明制订工作计划的单位名称。凡在标题中省略单位名称的工作计划,必须在落款处注明单位全称。标题中已注明单位名称的,落款处可以省略。时间应为工作计划通过或批准的日期。

2.4.2 写作注意事项

企业工作计划的行文既可以采用条文式,也可以采用图表式;表达方式要以说明为主,行文中不要夹杂不必要的议论。图表式工作计划更多地适用于工厂车间月度生产计划,即用表格分列计划内容、执行部门、负责人、完成进度及日程、备注等。

企业制订工作计划要注意从本单位、本部门的实际情况出发,不要脱离实际,正确估计客观条件和主观条件,量力而行。制订的工作计划既要有计划性,又要切实可行,留有余地。工作计划作为执行性文件,必须具备可行性,其措施与办法必须切实可行,指标必须是努力后可以实现的。如果在实践中发现计划有不符合实际的地方,要及时修改。

工作计划中的任务、要求、措施、步骤、期限等都要写得具体、明确、责任分明。切忌写得含混不清、模棱两可,以致无法落实、无法检查。

2.4.3 范文模板

××××公司××××年下半年工作计划

××××年下半年的工作必须坚持以××××为指导,以××××为中心,以××××为对象,继续抓好××××,抓住××××,大力挖掘和增加××××。为了切实提高经济效益,尽最大努力争取完成今年的××××计划,特制订工作计划如下:

一、继续大力抓好对外出口工作。

1. ……

2. ……

3. ……

4. ……

5. ……

6. ……

二、在抓紧落实和挖掘适销货源的同时,要以商品为中心,加强内联工作。

1. ……

2. ……

3. ……

4. ……

5. ……

三、改善经营管理,加快企业整顿步伐,提高经济效益,建立和完善经济责任制及各项管理制度。

1. ……

2. ……

3. ……

4. ……

5. ……

四、加强思想政治工作，注意充分调动广大员工的积极性和创造性。

1. ……

2. ……

3. ……

4. ……

5. ……

五、切实改进领导作风。

1. ……

2. ……

3. ……

4. ……

5. ……

2.5　企业工作总结

企业工作总结是企业对一定时期所做的工作进行一次全面的、系统的分析、研究、评价，找出带有规律性的东西，用来指导今后工作的应用文书。

工作总结是企业内部通过对工作过程及工作得失的系统回顾，即对工作实践进行本质的概括，从感性认识上升到理性认识。在企业中，工作总结是相当实用、重要的。它主要是对企业一定时间内的实践活动加以回顾、分析，从中找出具体的经验或教训，发现某些工作规律或错误产生的原因，从而调整改革与前进的方向，为今后的工作提供帮助和借鉴。只有不断地进行总结，才能更好地指导企业的全面工作。

根据不同的分类标准，企业工作总结可分为不同的类型。按内容分，有综合性总结、专题总结和个人总结；按时间分，有月份总结、季度总结、半年总结、年度总结、（一年以上的）时期总结等。每类工作总结都有其自身的结构特点和侧重点，写作者应在实践中灵活掌握写作的深度、广度及行文技巧。

2.5.1 格式写法

企业工作总结应视具体内容而定，大致由标题、正文、落款三部分组成。

1. 标题

企业工作总结的标题一般由发文单位名称、时间和文种组成，如"××××股份有限公司××××年上半年增产节约工作总结"。有时仅写时间和文种，而省略发文单位名称，如"××××年销售工作总结"。

2. 正文

企业工作总结的正文，从写作形式来看，主要包括开头、主体、结尾三部分；从写作内容来看，主要包括工作概况、工作成绩和经验、工作中存在的问题和今后努力的方向四部分。

（1）开头，即工作概况。它要求全面概括、简明扼要地叙述工作成绩、工作中的不足之处及必要的基本数据等。

（2）主体，主要包括工作成绩和经验、工作中存在的问题。工作成绩和经验部分要有翔实的材料和必要的统计数字，对比说明要适度，条理要清楚。切忌过于夸大或缩小事实，更不可弄虚作假，应做到真实可信。总结经验时要有观点，有材料；经验要中肯，并以事实为依据，从材料中提炼出新观点、新看法，得出带有规律性的东西。写经验，既不能就事论事，忽视理论分析；又不能抛开典型材料，空发议论。应做到观点与材料的统一，理论和实践相结合。工作中存在的问题包括没有做好的工作，没有完成的工作，有待解决的问题，工作中的缺点、错误以及产生这些缺点、错误的原因等。应根据具体情况有条理地指出，而并非将上述几种情形同时包含在一项工作之中，要有侧重点。

企业工作总结没有固定的格式。总结的主体内容不是每一项都要累积到一起，它们既可以合并，也可以根据需要突出重点。

（3）结尾，即正文的结束。应在总结经验教训的基础上，提出今后努力的方向，表明决心、展望前景。这段内容要与开头相呼应，篇幅不应过长。有些总结在主体部分已将这些内容表述过了，就不必再写结尾。

3. 落款

即写明发文者和发文日期。如果在标题中或标题下已标明发文者和发文日期，此处可省略。若是需要上报的专题总结，则必须在落款处署上发文日期。但如果是在报刊上发表的，则只须写上发文单位名称或法定作者。

2.5.2　写作注意事项

　　工作总结的内容必须完全忠实于自身的客观实践，其材料必须以客观事实为依据，不允许东拼西凑，要真实、客观地分析情况、总结经验。

　　工作总结的选材不能求全贪多、主次不分，要根据实际情况和总结的目的，把那些既能显示本企业特点，又有一定普遍性的内容作为重点材料选用，不但如此，还应写得详细、具体。

　　工作总结要有独到的体会、新鲜的角度、新颖的材料。

2.5.3　范文模板

××××集团安保部××××年安保工作总结

　　今年以来，我们坚持深入学习××××，牢固树立安全发展理念，坚持预防为主，综合治理，重在建设，以研究解决影响××××的突出问题为切入点，狠抓××××，不断提高××××工作的质量和效益，圆满完成了各项任务，为实现××××发挥了职能作用。

　　一、完成的主要工作及特点

　　针对××××年××××的实际情况，紧紧围绕××××，加大安保工作。

　　（一）积极探索对策措施，预防效果更加明显。……

　　（二）着眼提高能力素质，队伍建设稳步推进。……

　　（三）依法查处突出问题，彻底消除各类隐患。……

　　（四）坚持服务基层，人员法纪意识更加牢固。……

　　（五）紧贴形势任务需要，自身建设得到加强。……

　　以上成绩的取得，离不开×××和×××的正确领导，离不开上级业务部门的正确指导，离不开兄弟部门的大力支持，离不开××××的共同努力，离不开安保部同志们的拼搏进取。回顾一年来的工作，主要有以下三点体会：一是只有坚持预防为主，才能彰显成效。……二是只有坚持主动作为，才能更好发挥作用。……三是只有坚持抓好队伍，才能筑牢安全屏障。……

二、工作中存在的主要不足

今年以来，虽然做了大量工作，也取得了明显成效，但与新的形势任务要求还有较大差距。

一是……

二是……

三是……

三、明年的工作打算

明年的安保工作总体设想：以××××为指导，按照××××工作安排，坚持抓预防、保稳定、促发展，充分发挥保卫部门的职能作用，拟重点抓好以下四个方面的工作：

一是认真研究××××问题对策措施……

二是进一步规范各级保卫工作……

三是扎实做好个别人员教育转化工作……

四是深入开展××××活动……

2.6　企业经营决策方案

经营管理的过程就是制定并组织实施经营决策的过程，因而经营决策是经济管理的核心和基础。在企业的全部经营管理工作中，决策的正确与否，直接关系到企业的兴衰成败和发展。

企业经营决策方案，即在企业生产经营的过程中，为实现预定的经营目标或解决新遇到的重大问题，企业生产经营者根据市场调查、市场预测和市场上的各种情报信息，对生产经营进行分析研究而提出的有参考价值的书面方案。这种方案一般要提出若干个，并要进行论证选优，供领导决策时参考。

经营决策方案对科学决策起到了重要作用，它能吸收和集中专家、员工的意见，减少决策失误。在决策过程中，它是决策的重要环节，又是形成科学决策的重要桥梁和纽带。尤其是在企业生产经营的过程中，为适应市场竞争日益激烈的形势，经营决策方案越来越成为企业经济管理的首要活动。

根据不同的分类标准，可以将企业经营决策方案分为不同的类型。

按照决策的重要程度划分，可分为战略决策、管理决策和业务决策。所谓战略决策是指那些关系到企业发展方向、远景规划，具有全局性、长期性和方向性的重大决策；所谓管理决策是指执行战略决策过程中的具体战术决策；所谓业务决策是指在日常生产活动中，为了提高生产效率、工作效率所做出的决策。

按照决策的可靠程度划分，可分为确定型决策、不确定型决策和风险型决策。所谓确定型决策，即决策者不仅对未来的情况有比较确定的了解，掌握决策时所需的各种情报信息，而且能准确地了解决策产生的后果；不确定型决策则与此恰恰相反；所谓风险型决策，又称随机型决策，即各种自然状态的未来情况和决策可能产生的后果都无法确定，决策执行后将面临几种情况、几种后果、几种可能，有一定的风险。

企业经营决策方案还可以根据其他不同的分类标准，分为最优型决策和满意型决策，单目标型决策和多目标型决策，领导者决策、会议机构决策和集体决策等。

2.6.1 格式写法

企业经营决策方案可以根据企业存在的问题和不同的决策目标而采用合理的结构及适当的写法，不过一般由标题、正文、落款三部分组成。

1. 标题

企业经营决策方案的标题有两种写法：一是单标题，由时间、决策目标和文种组成，如"××××年我国消费电子市场的展望与决策"。二是双标题，即由主标题和副标题组成，主标题是指决策的内容和中心，副标题是指决策的目标和单位。

2. 正文

企业经营决策方案的正文是其重要部分，一般由开头、主体和结尾三部分组成，具体内容主要包括决策目标、决策依据、实施方案、比较论证和预测结果五个部分。

（1）开头。企业经营决策方案正文的开头要写出决策所要解决的问题及要达到的目的，即决策目标。这是科学决策的前提，也是制定决策方案的关键。决策目标要明确、合理、可行，文字简洁。开头应直截了当，避免拐弯抹角。

（2）主体。这部分主要包括决策依据、实施方案、比较论证和预测结果。

决策依据是根据决策目标搜集的会计、统计、计划、经济、市场分析、市场动态、消费者意见、生产工人的反映等比较全面充分、真实可靠、与决策紧密相关的最新资料。这些资料是下一步拟定决策方案的依据。所以材料应具体、充分、真实、准确。市场调查、预测的综合信息、情报应准确、概括。

实施方案是经营决策报告的主要环节，是科学决策的基础。有了决策目标，就要从多方面寻找实现目标的有效途径，依据搜集来的大量资料拟定多种相互间有本质区别，对各种因素都进行定性与定量分析，能够实现预期目标的预选方案。文字表达要准确、简明，不要带有主观感情色彩。

在拟定实施方案时，应注意四个方面：一是要有大量的市场信息情报；二是选好决策的类型及制定方案的标准；三是把握经营决策的实质和多种方案的可行性；四是善于运用归纳、综合、系统的科学方法分析并恰当处理各项策略的关系。

比较论证，即按照定量化的标准对多种预选方案进行分析、论证、权衡和比较。论证要严密、科学，比较要尺度恰当、标准合理。运用此种论证方法，找出各种预选方案中的有利因素和不利因素，加以比较，综合而成。

预测结果，即对决策的结果加以测算，检验决策的正确程度。一般篇幅较短，但要保持决策结果和目标的一致性。

（3）结尾。常用结束语"以上方案，请领导裁定""以上方案，请领导分析、选择"等。也有不加结束语的，主体部分完成后自然收尾。

3. 落款

即注明制定经营决策方案的单位全称和成交日期。

2.6.2　写作注意事项

企业经营决策方案的写作主要是针对预期目标，运用多学科知识，全面、系统地对多种预选方案进行定量和定性分析，做出科学的决策。写作时语言要准确，材料及数据要真实，论证要充分。

2.6.3 范文模板

××市变压器厂推销产品经营决策方案

从调查得知，我厂原来生产的老式变压器已不受欢迎，只有试制新型节能变压器才有销路。为此，我厂去年成功试制××××新产品，经使用，新型节能变压器与老式变压器比较有三方面的优点（见下表）。

	产品质量和性能	空载损耗	节约能源
新型节能变压器	效率高、性能好、噪音小	比部颁标准低4.7%	每台每年可节约电能9万度
老式变压器	效率低、性能差、噪音大	超过部颁标准	不节约

根据调查和预测，全市使用老式变压器共××××台，如果新型节能变压器能在全市加以推广，在电力部门满负载运行的条件下，每年可节约电能××××亿度，节约电费××××万元。但若要更换老式变压器，代之以新产品，那么老产品就会变成废品，不但损失了其应有的使用价值，而且还难以处置。因此，电力部门和有关用户一时都还不大愿意更换。假如任其自然淘汰，需要10年才能更换完毕。

为了更好地推广新型节能变压器，我们在众多的推销策略中，选取并采用了"以旧换新"的经营决策。其措施和理由如下：

一、回收老式变压器。回收价格按国家原价格的××%～××%计算，解决用户处理老式变压器的心理问题。

二、预测回收量每年约××××台，××年内更换完毕。每年回收量约××××台，需要支付回收费用约××××万元。

三、预测提供新型节能变压器的数量大约与回收量相等，约××××台，合计产值为××××万元，可获取纯利××××万元。两项相抵仍可获利××××万元。

四、老式变压器回收综合利用,预计可得××××万元的收入。

××市变压器厂
××××年××月××日

2.7　企业章程

章程是指一个组织或团体按照一定的程序所制定的规程和制度,是每个成员必须严格遵守的基本纲领和行动准则。它由有关机关、社会团体、企事业单位依法通过颁发,并在相应范围内具有规范性、权威性和约束力。同时,它是党政机关、社会团体、企事业单位使用的一种法规性文书。

企业章程是企业制定的章程,是企业全体成员必须遵循和执行的规则,带有强制性和约束力,不能违反,否则,将按有关规定进行处罚。

2.7.1　格式写法

依据企业章程的特点,可将它的结构概括为标题、签署、正文三部分。

1. 标题

企业章程的标题由组织名称和文种组成,如"××××信托投资公司章程"。如果是尚未经代表大会通过的,在标题末尾加上"草案"字样,并加上括号。

2. 签署

即在标题下面标明章程的制定机构名称和通过的日期,并加上括号。

3. 正文

正文是企业章程的主体,主要包括总则、分则、附则三部分。

总则简要阐明企业的名称、性质、经营范围、组建原则、经营宗旨及指导思想等。分则一般应明确写明企业的基本任务、管理方式、企业成员的权利与义务、资金的筹集、使用及权益分配等内容。附则主要包括实施要求、生效日期、章程修改权及修改程序或其他事项。

企业章程一般具有较稳定的结构和写作格式,采用条款式陈述,即分章分条按一定顺序行文。总则与附则形成一种对应关系，若正文开头用"引言"，结尾可不设"附则"，只用章、条格式阐述即可，拟写时可灵活调整写作格式。

2.7.2　写作注意事项

撰写企业章程时，必须严肃认真，充分了解、熟悉国家有关法律、条文和法规，遵照有关法律、法规的规定，保证章程的权威性和约束力，不能与之相违背或有抵触。

企业章程应条理清晰，内容详略充实，逻辑思维周密、细致。一条内容表示一个意思，不要把一个完整的意思拆成几条，弄得零零碎碎；也不要把几个意思合在一条之中，交叉杂乱。

企业章程可以采用断裂行文法，即用条文表述，句与句、段与段之间有一定的跳跃性，一般不用"因为……所以……""虽然……但是……"等关联词语。

企业章程正文的语言要精练、言简意赅；多用词语的直接意义，不用比喻、比拟、夸张等修辞手法；不要产生歧义，要在准确性上下功夫；要尽力反复提炼，用很少的话把意思明确地表达出来。

2.7.3　范文模板

××××股份有限公司章程（草案）

第一章　总则

第一条　××××股份有限公司（以下简称公司）是由从事××××产品生产经营活动为主体的企事业单位所组成的跨地区、跨部门、跨行业的股份所有制企业集团。公司设在××市××街道××号。

第二条　公司的经济性质：股份所有制。

第三条　公司的经营范围：××××。

第四条　公司的组建原则：自愿互利，共同发展。

…………

第二章 公司的基本任务

第七条 努力把资金用活用好，谋求公司最高经济效益是公司一切生产经营活动的出发点和最终目的。

第八条 在国家政策指导下，从公司的外部环境和内部条件出发，制定公司的中、长期发展战略，促进公司的发展壮大。

第九条 对公司所属企事业单位的生产经营活动实行统一规划，组织专业化协作和各种生产要素的联合，实现公司整体目标的最优化。

第十条 加强企业的基础管理工作，全面推行现代化的管理方法，不断完善经济责任制，保证生产经营的顺利进行。

　……

第三章 公司的领导体制

第十四条 公司的最高经营决策机构为董事会。董事会的成员包括股东代表和需要参加的有关人员。

第十五条 董事会设董事长一人，副董事长和常务董事若干人。原则上董事长由董事会提名，上级委派，副董事长、常务董事由在公司股份中数额较大者当选，或根据工作需要由董事会民主协商产生。

第十六条 公司实行董事会领导下的经理负责制。经理由董事长提名、董事会任命。副经理和公司所属各企事业单位主要行政负责人由经理提名，报董事会批准。

第十七条 公司经理和所属企事业单位的主要行政负责人每届任期四年，可连选连任。

　……

第四章 公司的管理方式

第二十五条 公司实行所有权与经营权相分离的管理方式，国家集体和个人的财产折资入股后，即为公司的所有者（股东），公司的全部生产经营活动则由董事会主持，并对全体股东负责。

第二十六条 公司对所属企事业单位，实行集权指导下的分权管理，企事业单位在公司总的方针、原则指导下，仍保持相对的自主经营权。

第二十七条 公司与各企事业单位实行合同制，单独核算，自负盈亏，明确各自应承担的经济责任。

　……

第五章 公司的成员

第三十条 凡具有法人资格的企事业单位，不受地区、部门、行业和所有制的限制，均可申请加入公司。

第三十一条 欲参加公司的企事业单位，应先向公司提出书面申请，经公司董事会讨论批准后，即为公司的成员单位。

……

第六章 资金的筹集、使用及权益分配

第三十三条 为解决公司流动周转和长期投资中的资金不足，除必须集中成员单位的部分税后利润外，尚需以股票和债券的形式向社会有偿筹集资金。

第三十四条 公司成员单位的资金之和为公司的注册资金，即为公司股本。其他入股投资者为股东。双方分别对注册资金和入股资金负有限责任。公司采用股权式，按股权份额的大小分配利润。

第三十五条 资金筹集、使用的原则

民主管理、统筹安排、共担风险、共享利润对债券集资、有偿使用、责任自负。

第三十六条 资金的用途

……

第七章 公司与其他企业的联合

第三十九条 在"扬长避短、形式多样、互利互惠、共同发展"的原则下，公司及所属企事业单位应同其他企事业单位进行广泛的横向经济联合，并以经济联合体的形式从事生产经济活动。

……

第八章 其他

第四十八条 根据国家政治、经济政策的变化及公司生产经营活动的需要，董事会可随时召开会议，修改或补充公司章程。

第四十九条 修改或补充公司章程，必须经董事会三分之二以上的成员通过方可生效。

第五十条 本章程有未尽事宜或与实际情况抵触时，以董事会决议为准。

第五十一条 公司及其他成员单位破产时，按《中华人民共和国企业破产法》规定办理，各自承担其应负的经济责任。

第五十二条　本章程的解释权属于董事会。

第五十三条　本章程自公司董事会批准之日起实行。

2.8　企业会议纪要

企业会议纪要是根据企业会议记录、会议文件和会议有关事项，把一次企业会议召开的概况，讨论的主要问题和结果加以整理、综合，扼要反映会议有关情况而形成的一种应用文书。它可作为文件，抄报、抄送给上级部门或领导，或传达到下级和基层单位，一方面作为参考材料，以便得到上级部门或领导的及时指导，另一方面被上级部门正式批转后发至有关单位、有关部门，结合实际情况贯彻执行。

对于企业开展新项目及生产经营来说，会议记录及会议纪要是极为重要的经济凭证和今后备查利用的原始文字依据。

2.8.1　格式写法

企业会议纪要一般由标题、正文、落款三部分组成。

1. 标题

企业会议纪要由会议名称和文种组成，如"技术鉴定会议纪要""现代企业制度改革试点工作座谈会纪要"。有的会议纪要的标题还可写明召开会议的单位名称。总之，企业会议纪要的标题应具体明确。

2. 正文

企业会议纪要的正文由引言、主体和结尾三部分组成，内容包括会议情况概述、内容摘要、结语等。

（1）引言。引言是会议纪要的开头部分，一般概括叙述会议的基本情况，包括会议的名称、目的、任务，召开会议的单位、时间、地点、主持人、与会人员、会议主要议程、会议的意义和会议成果等。引言不能写得过长，应简明扼要。

之后用"现将本次会议研究的几个问题纪要如下""现将会议主要精神纪要如下"等惯用语转入下文。

（2）主体。主体是会议纪要的核心内容，包括会议所讨论、研究的问题，对过去工作的评价及会议所做出的决定。主要记载会议的具体情况和会议结果，写作时要紧紧围绕中心议题，把会议的基本精神和会议形成的决定、决议准确地表达清楚，对于有争议的问题和不同意见，必须如实反映。在主体部分，通常使用"会议指出""会议认为""会议经过充分商议，做出如下决定"等惯用语。拟写会议纪要时必须根据会议的原始记录，细致地分析、概括，精心地加工整理，如实地反映会议的主要精神和成果。

根据会议性质、规模、议题的不同，会议纪要的主体部分在写法上也各有不同，本文主要介绍三种写法：

①综合概述法，即用综合概述的方法将会议讨论、研究的问题等进行整体的阐述和说明。这种方法适用于所讨论、研究的问题比较集中，看法比较统一，参加人数不多的中、小型会议。主体内容则侧重于突出会议的指导思想，全面介绍会议的基本情况。

②分项叙述法，即把会议所讨论、研究的问题进行分类，将同一性质的问题归纳在一起，然后列出条款一一进行阐述。这种写法适用于大型会议，这类会议参加人数较多，讨论、研究问题比较复杂，运用这种方法易于写出比较全面的会议纪要。

③发言记录法，即按顺序把每个人发言的主要内容记录下来，与会议记录很相似，优点是及时、真实地反映发言者的意见及会议进程，缺点是系统性不强。某些根据上级机关布置，需要了解与会人员不同意见的会议纪要，可采用这种写法。

（3）结尾。结尾部分通常是提出希望、号召，要求有关单位认真贯彻会议精神。也可以在写完主体部分后自然收尾。结尾部分的文字应简练，具体写法可视会议情况而定。

3. 落款

落款处应注明发文单位名称和发文日期。署名只用于办公室会议纪要，署上召开会议的领导机关的全称，下面写上发文日期，并加盖公章。一般会议纪要不必署名，只写发文日期，并加盖公章。

2.8.2 写作注意事项

企业会议纪要行文应有条理而不紊乱，内容整理应系统而不零散，对会议记录和有关文件材料进行归类，使之条理化、系统化。

企业会议纪要的整理要实事求是，各项内容要真实、准确，不能扭曲原意。

撰写企业会议纪要时，应结合领导的意图，将会议目的、内容材料和进展情况紧密联系起来，把握会议的基本精神，抓住会议的主要内容。

企业会议纪要在文字表述上应简练、明快、准确；语句尽可能简短、通俗，切忌长篇大论；语言要有深度，逻辑要严密。

2.8.3 范文模板

××省××××酒厂××××工程可行性研究报告评估会会议纪要

××省××××酒厂××××工程可行性研究报告评估会于××××年××月××日在××××宾馆举行。参加会议的有地区计委，地区建设银行，××××研究所，××县政府、县人大、县计委、县经委、县轻工局、县建设银行、县环保局、县税务局、县能源办，以及××××酒厂等14家单位28人。会议由×××同志主持，项目设计单位×××研究所工程师×××宣读了可行性研究报告，××××酒厂副厂长×××介绍了工程进度情况。与会代表经过认真评估认为该项目切实可行。

1. 一期工程总投资××××万元，日处理废酒糟××××吨，日产沼气××××~××××立方，可供××××~××××户用气。从现已使用的××××户居民用气情况看，用气情况良好，效益可观，可见，项目是成功的。

2. 二期工程总投资××××万元，日处理废酒糟××××吨，日产沼气××××~××××立方，年利润××××万元，投资回收年限××年，可供××××~××××户居民用气，具有一定的经济效益和较好的社会效益。工艺采用××××研究所研究成果"××××"，在国内属首创。生产工艺可靠，技术方案可行，项目属国家扶持和支持的节能项目，符合产业政策，对废酒糟的综合利用、新能源的开发、环境污染治理、城市功能的增强都有良好的促进作用。整个项目是可行的。

在肯定项目可行的同时，与会代表也提出了很好的意见和建议：

1．总论部分要完善编制依据。

2．投资估算部分要确定明确的基本准确的投资金额。投资来源部分有待进一步落实，并且要有明确的资金筹措方案，集资部分应提出合理的方案和确实可行的办法。

3．加强沼气工程及沼气使用方法的宣传，落实好使用单位和用户。

4．效益分析部分应综合考虑折旧费，各种税种对投资回收年限及贷款偿还期的影响因素。

5．项目实行独立核算的财务管理办法。

6．支管道的投资来源有待进一步落实。

7．县政府要对该项目实行优惠政策。

附件：（略）

××××年××月××日

2.9　企业会议方案

一个会议开得成功与否，首先取决于会前的各项准备工作是否充分，更重要的是要有一个合理的、正确的程序，只有这样，会议才能达到预想的效果。

会议方案是党政机关、人民团体、企事业单位对准备召开大中型会议做出预测或计划安排的一种应用文书。它广泛应用于党政机关、企事业单位，适用于规模较大、时间较长的大、中型会议。企业会议方案则是企业专门使用的会议方案。

企业会议方案是指企业事先编制好会议有关具体事宜，做出预测性安排，以便企业会议按计划、有步骤地召开。它具有预测性、程序性等特点。拟写企业会议方案后还须向上级部门报请审批，否则，方案一旦被否，会议就不能如期进行，那么各项筹备工作都将受到影响。

2.9.1 格式写法

企业会议方案一般由标题、称谓、正文、附件、落款五部分组成。

1. 标题

企业会议方案标题的写法有两种：一种是规范性标题，它由开会企业名称、会议名称和文种组成，如"××××股份有限公司关于召开××××会议的方案"；另一种是省略性标题，它由会议名称和文种组成，省略了开会企业名称。

2. 称谓

即对报批企业的上级部门的称呼。靠左顶格写，有时也可省略不写。

3. 正文

正文是企业会议方案的重要组成部分，一般包括开头、主体、结尾三个部分。

（1）开头部分应该拟写会议目的、依据、企业名称、会议名称、会议时间、地点和会期等。为便于承上启下，常常用"现制定会议方案如下"之类的惯用语过渡。

（2）主体部分是企业会议方案的核心内容，主要包括下列事项：会议宗旨、会议日程、会议规模、会议议程、会议组织准备工作、经费预算等。

（3）结尾部分一般用惯用语表述，如"以上方案，如无不妥，请批示""妥否，请批复"等惯用语。

4. 附件

企业会议方案的附件既是方案的具体材料，又是供上级部门和领导审批的可靠依据。比如，会议议程、会议日程表、财务预算详细项目、与会的领导人名单、会议筹备（或）领导小组人员名单等附件。

5. 落款

应依据实际情况落款，一般有三种情况：一是写明召开会议的企业名称，二是写明会议领导小组，三是写明会议筹备小组，另外还应写明拟定会议方案的时间。

2.9.2 写作注意事项

撰写企业会议方案时必须抓住关键的实质性问题，行文要有条理，内容要简明，方案要确切，切忌杂乱无章或臃肿烦琐。

2.9.3 范文模板

××××集团关于召开职工教育工作会议的方案

为了贯彻落实××××《关于加强职工教育的决定》，我集团定于××月××日至××日，在××××召开职工教育工作会议，特制定会议方案如下：

一、会议目的

认真学习××××《关于加强职工教育工作的决定》，传达××××会议精神，结合集团实际情况，制定加强职工教育的规划，研究落实××××的教育工作。

二、会议规模

主管教育工作的集团党委书记、厂长，集团总部有关科室负责人、工作人员，各分公司主管教育工作的负责人，各车间主管教育工作的主任，工会、共青团各级主管教育工作的负责人，共××人。

三、会议日程安排

××月××日，上午举行开幕式，传达××××教育工作会议精神，由集团党委书记×××作动员报告，学习××××《关于加强职工教育工作的决定》。大会传达后，分组讨论××××精神，提高认识，端正态度。

××月××日至××日，结合集团实际情况制定加强职工教育的规划，研究落实××××教育工作，解决××××教育中的各种实际问题。

××日下午举行闭幕式，宣读集团加强职工教育规划，部署开展××××教育任务和措施。

四、会议形式

…………

五、会议准备工作

…………

六、会议经费

为了集中精力开好会，所有参加会议人员一律在××××酒店住宿。其各项开支见附表。

附表：（略）

××××集团

××××年××月××日

2.10 企业汇报提纲

企业汇报提纲是下级单位向上级机关汇报工作时使用的一种文书。它可使汇报者发言时胸有成竹，条理清楚，主题明确，不重不漏。汇报提纲是反映情况报告、形成正式文件、撰写调查报告的前提和基础。

2.10.1 格式写法

企业汇报提纲一般由标题、正文、落款三部分组成。

1. 标题

企业汇报提纲的标题一般有三种写法：一是由汇报单位名称、事由和文种组成，如"××××集团股份有限公司关于××××筹备工作进展情况的汇报提纲"。二是由汇报单位名称、接受汇报单位名称和文种组成，如"××××集贸市场向市场监督管理局的汇报提纲"。以上两种写法均可省略汇报单位名称。三是采用主副标题法，主标题采用文章标题法，或阐发意义，或突出作用，然后用副标题加以补充、限制。

2. 正文

正文是汇报提纲的核心、重点、关键，一般由引言、主体、结尾三部分组成。

引言部分主要介绍、说明有关基本情况，提出观点。主体部分是正文的重心，分列汇报事项，说明具体做法或进展情况，以及存在的不足等。结尾部分是指在汇报的基础上进行概括、总结，将需要解决的问题、需要领导批示或决策的事项进行简单提示。

3. 落款

即注明汇报单位名称和日期。至于日期是放在标题下还是正文结尾后，视情况而定，只要前后不重复就行。

2.10.2　写作注意事项

拟写汇报提纲时必须做到观点明确，层次清楚，突出重点，抓住本质，讲求实际，语言通畅。

2.10.3　范文模板

关于××××目标落实情况的汇报提纲

我厂认真贯彻××××的决定，实行了××××责任制。××××年××月，××××开始实行××××责任制。如此一来，从制度和措施上加强了××××工作，使企业素质不断提高，企业各项工作在改革中发展。在落实××××目标的过程中，我们主要把握住提高认识、制定措施和检查考核这三个关键环节。

一、分析现状，认清实行××××责任制的重要性
　…………

二、层层落实，严格考核，是确保目标实现的两个关键
　…………

三、××××目标落实过程中的体会

在落实××××目标的过程中，我们深深感到，××××责任制对加强××××工作的确有很大的推动作用，是××××工作的一大改革。主要体现在以下三个方面：

（1）××××工作目标化，民主管理明显加强。……

（2）管理程序化，××××工作有了新的起色。……

（3）考核数据化，各项活动蓬勃开展。……

四、存在的问题和今后的打算
　…………

2.11　企业函

函是正式的或官方的书信，是党政机关、人民团体、企事业单位之间商洽和联系工作时使用的一种应用文书，主要用于不相隶属机关之间商洽工作、询问和答复问题，也可以向有关主管部门请求批准事项，向上级机关询问具体事项，还可以用于上级机关答复下级单位的询问或请求批准事项，以及上级机关催办下级单位有关事宜。

在企业管理中，函的使用非常广泛，如推销产品函、询价函、报价函、订购函、催款函等。

推销产品函是卖方为了将自己的产品推销给买方而拟制的一种业务类文书。推销产品函一般在需要将产品推向市场或者向特定目标推荐时使用，能够使市场及时了解产品的基本情况。

询价函是买方向卖方提出的对商品交易条件进行询问的信函，这种文书只是使交易双方明确交易条件的询问性文书，没有法律约束力。一般企事业单位对询价函的使用比较多，通过递交询价函，能使买方及时了解商品交易条件的相关情况，合理调整自身情况，制定相应的应对措施，以便交易能够顺利进行。

报价函是卖方就自己产品的价格进行报价时所使用的一种信函类文书。报价函一般是卖方在接到买方询价函后，对询价函做出的复函，报价函意味着销售时机，因此，对报价函的拟制和发送一定要及时、准确、周到，以便抓住商机。

订购函是买方按照与卖方预先谈好的条件，向卖方订购所需货物时所使用的一种信函类文书。订购函主要在买方订购卖方产品时使用，一般是买卖双方经过反复协商，就产品价格达成一致意见后，买方按照双方谈妥的条件向卖方订购所需货物。通过订购函这种信函，可以将买卖双方的意愿用文字的形式固定下来，以便后续交易的顺利进行。

催款函主要在涉及款项的当事人之间使用。催款函可以使收款方及时了解付款方拖欠款项的原因，及时追回欠款，及时进行友好沟通，以便采取相应的对策措施，避免发生矛盾。同时，催款函可以起到记载凭证的作用，如果因付款方的拖欠而使收款方遭受了实际经济损失，那么在追查欠款方的经济责任时，催款函就可以起到很好的记载凭证作用。

此外，还有索赔函、理赔函、邀请函等。

2.11.1 格式写法

函一般由标题、称谓、正文、落款四部分组成。

1．标题

函的标题一般有两种形式：一是完整式标题，即由发函机关名称、事由和文种组成，如"××××公司关于××××的报价函"；二是省略式标题，即由事由和文种组成，如"关于××××的邀请函"。

2．称谓

即对主送机关的称呼，顶格写明主送机关的全称或者规范化简称，其后用冒号。主送机关只能写一个，即请求给予答复或批准的机关名称。

3．正文

函的正文一般包括开头、主体、结尾三个部分。

（1）开头。开头部分一般会概括叙述发函的缘由和发函的目的、根据、原因，然后用"现将有关事项函复如下"等承启语转入下文。如果是复函，开头部分首先引叙来函的日期、标题，然后再交代内容根据，用以说明发函的缘由。

（2）主体。这部分是函的核心内容，主要说明致函事项——询问、商洽、请求或答复的事项。一般情况下，无论是洽谈工作、询问或答复问题，还是向有关主管部门请求批准事项等，函的事项部分内容单一，即一函一事，行文要直陈其事。如果是复函，要注意答复事项的针对性和明确性。

（3）结尾。根据致函事项的不同，可以选择不同的结束语，发函用"特此函询""特此函商""盼复""即请函复"，复函则可用"此复""特此函复"等。

4．落款

落款包括发函机关名称和发文日期。写明发函机关的全称或规范化简称，并加盖公章。使用规范的阿拉伯数字写明发文日期。

2.11.2　写作注意事项

企业函是代表企业向外联系工作、告知商洽事宜、请求支持帮助的一种应用文书。要想取得对方的理解和支持，达到理想的效果，首先，行文应简洁明确，叙事清楚、明白；其次，说理有节，把握分寸。而要做到上述两点，撰写者应注意三点：一是善于思索，整理好思路；二是用恳切、谦和的语言表达，避免使用"你们要…""你们不要…""否则，由此引起的一切后果，由你方承担全部责任"等命令式的表达方式；三是提出的意见、办法、请求要符合对方的实际情况。

当遇到纠纷类、交涉性的事情需要相互致函时，要注意掌握分寸，避免言语过激，应做到有理有节，用语要显得平和，切不可带有怒斥、讨伐等语气。

2.11.3　范文模板

××××公司××××型号钢材采购询价函

××××供应商：

根据我公司××××建设工程进展的需要，我公司拟采购一批××××型号钢材，特向贵单位发询价函，望贵单位给予复函为盼。

一、规格型号

…………

二、报价时间及地址

敬请贵单位就以上规格钢材在××××年××月××日下午××时前向我处传真报价，本报价一经我公司认可，即为签订合同的最终依据。

三、供应商复函须知

1.报价函应由贵单位加盖公章，复函报价应该包含……

2.供应商在报价函中，应就以下条款给予说明：

（1）供货时间：××××年××月××日

（2）供货地址：××××

（3）货物质量满足国家质量标准的相关证明……

…………

四、结算方式
…………

五、联系方式
…………

×××× 公司
××××年××月××日

2.12　企业简报

企业简报是企业单位内部为及时反映情况、汇报工作、交流经验、沟通信息而编发的具有一定新闻性质的应用文书。

企业简报的作用主要体现在以下几个方面：

（1）向上级主管部门汇报工作、反映情况。企业简报可以迅速及时地向主管部门反映本企业的日常工作、业务活动、思想状况等，便于主管部门及时了解情况，分析问题，做出决策，有效地指导工作。

（2）企业各部门之间交流经验、沟通情况。简报可以用于企业各部门之间交流经验、沟通情况，以便相互学习借鉴。

（3）向企业所属部门通报情况，传达上级机关的意见。简报还可以用来向下级通报有关情况，推广先进经验，传达上级机关的意见。

企业简报作为反映情况、汇报工作、交流经验、沟通信息的灵活形式，它既有一般报纸新闻性的特点，又有其自身的特点：

（1）内容广泛。企业简报的内容包罗很广，有反映工作部署和进展情况的，有交流工作方法和经验的，有报告工作中新情况、新问题的，有介绍典型事例的，也有传达上级机关意见的。

（2）形式特殊。企业简报有固定的报头，有期号，但一般不定期。这一点与公文类似，但它又与公文不同：没有发文机关，没有文件名称。从标题到正文，和新闻消息十分相似。可以说，简报就是内部的消息。

（3）行文灵活。企业简报的主送单位可根据工作需要自行酌定。因此，行文自由灵活，不受限制。

企业简报有如下种类：

（1）工作简报，即为推动日常工作而编写的简报。它的任务是反映工作开展情况，介绍工作经验，报告工作中出现的问题等。工作简报又可分为综合简报和专题简报两种。

（2）会议简报，即会议期间为反映会议进展情况、会议发言中的意见和建议、会议议决事项等内容而编写的简报。对于一些规模较大的重要会议，会议代表并不能了解会议的整体情况，比如分组讨论时的重要发言，有价值的提案等，需要依靠简报来了解会议的基本概况。重要会议的简报往往具有连续性，即通过多期简报将会议进程中的情况接连不断地反映出来。会议简报一般由会议秘书处或主持单位编写。

（3）动态简报，即为反映本企业的思想、政治、经济、文化等方面的情况或信息而编写的综合性简报。动态简报着重反映与本企业工作有关的正反两方面的新情况、新动向、新问题，为领导和有关部门研究工作提供鲜活的第一手资料，向企业员工报告工作、学习、生产、思想的最新动态。

2.12.1 格式写法

企业简报一般由报头、报核和报尾三部分组成。有的企业简报还有按语。

1. 报头

企业简报的报头一般用套红印刷，位于简报首页上方1/3处，由红色粗实线分割。报头一般都有固定的格式，包括简报的名称、期数、编发单位、发行日期等。

（1）简报的名称位于简报首页上方的正中处，为了醒目起见，字号易大，尽可能用套红印刷。

（2）期数位于简报名称下方正中，加上括号。如果是综合简报，一般以年度为单位，统编顺排；如果是专题简报，按本专题统编顺排。如果是增刊，应标明"增刊"字样。

（3）编发单位，一般为制发简报单位的办公部门或中心工作领导小组及会议的秘书处（组），要求用全称或规范化简称印于分割线的左上方。

（4）发行日期，标明具体的年、月、日，位置在分割线的右上方。

2. 报核

报核，是企业简报的主体部分，包括目录、编者按、报道等要素。

（1）目录。企业简报可编排目录。企业简报的目录一般不必标注序码和页码，只须将编者按、各篇文章的标题排列出来即可，为了避免混淆，可以在每项前加一个五星标志或者其他标记符号。若简报只有一篇文章，则不必标注目录。

（2）编者按。编者按视需要而使用，并非每篇必有。主要内容是工作任务来源、本期重点稿件的意义和价值、征稿通知、征求意见等。编者按不可过长，短的三五行，长的半页即可。

（3）报道。报道部分是企业简报的"重头戏"，由标题和正文组成。正文又由导语、主体、结语三部分组成。

报道的标题与新闻的标题有些类似，可分为单标题和双标题两种基本类型。单标题，即将报道的核心事实或其主要意义概括为一句话作为标题，如"企业文化建设要抓住关键点"。双标题有两种情况，一是正题后面加副题，如"再展宏图谱新篇——××××集团公司××××签约仪式成功举行"；前一个标题是正题，概括事实的性质，后一个标题是副题，补充叙述基本事实。二是正题前面加引题，如"尽责社会　完善自身——××××公司开展××××的活动"；前一个标题是引题，指出作用和意义，后一个标题是正题，概括报道的主要内容。

导语就是报道的开头语，即用简短的文字准确地概括报道的内容，说明报道的宗旨，引导读者阅读全文。导语的写法有叙述式、描写式、提问式、结论式等几种形式。所谓叙述式，即用概括叙述的方法介绍报道的主要内容；所谓描写式，即把报道的主要事实或某个有意义的侧面加以形象的描写，以引起读者的阅读兴趣；所谓提问式，即把报道反映的主要问题用设问的形式提出来，以引起读者的思考；所谓结论式，即先将结论用一两句话在开头点出来，然后在主体部分再做必要的解释和说明。这几种导语形式各有所长，撰写者在写作时可根据稿件特点、主题需要灵活选择，但无论选择何种形式，都要尽可能地运用简洁的语言。

报道的主体紧承导语，是企业简报的主要部分，它的任务是用足够的、典型的、富有说服力的材料把导语的内容加以具体化，用材料来说明观点。写好主体是编好简报的关键。主体的内容，或是反映具体的情况，或是介绍具体的做法，或是叙述取得的成绩和经验，或是指出存在的问题，或是几项兼而有之，视具体情况而定，没有固定的框架。

结语是报道的结尾部分。在一般情况下，报道可自然结束；也有一些报道会在结尾部分概括主题，对报道主体的内容进行小结以加深印象。

报道的署名可以是供稿部门的名称，也可以是供稿者的姓名。标注在正文的右下方，加上括号。

3. 报尾

在简报末页下方1/3处用红色分割线与文稿主体部分分开，分割线下与之平行的另一横线间内标注本期简报的"报、送、发"单位名称。报，即简报呈报的上级单位；送，即简报送往的同级单位或不相隶属的单位；发，即简报发放的下级单位。如果简报的报、送、发单位是固定的，而这次要临时增加发放单位，一般还应注明"本期增发××××（单位）"。

报尾还应标注本期简报的印刷份数，以便管理、查对。

2.12.2　写作注意事项

企业简报所反映的内容、涉及的情况，必须严格遵循真实性原则，时间、地点、人物、事件、原因、结果，所有要素都要真实，所有的数据都要确凿。

企业简报的内容要新颖。企业简报要反映工作或会议中出现的新情况、新问题，让人们面对新情况和新问题，探索出新的路子，总结新的经验。

对于一组性质相近的文稿，企业简报撰写者应遵循下面的编排原则：各篇文章要围绕一个中心，从不同角度反映某个问题；最突出中心的文章排在前头；每篇文章疏密间隔要恰当，标题字号要相同。

企业简报要简明扼要，即内容集中、篇幅短小、提纲挈领、不枝不蔓。

企业简报要求有规范的格式，由报头、目录、编者按、报道正文、报尾等部分组成。其中报头、报道正文、报尾是必不可少的，而且报头和报尾都有固定的格式。

2.12.3　范文模板

范文模板一：

××××公司××××工作
简　　报
（第××期）

××××办公室　　　　　　　　　　　　　　××××年××月××日

"生命至上、安全发展"
公司组织开展"安全生产月"活动

　　××月××日，由公司副总×××带队，××××项目经理×××、项目管理部、××××项目部全员参与，在××××项目中开展了"安全生产月"安全文化宣贯及安全隐患专项大检查活动。

　　首先，检查组组织召开了宣贯会……对目前工程涉及的安全重点进行分析讨论，提出解决方案；随后发放了安全手册及安全宣传相关用品。

　　会后，检查组对项目现场开展了安全专项检查。重点检查了塔吊、施工电梯等特种设备检测检验、维修保养和特种作业人员持证上岗情况，杜绝安全隐患，防止高空坠落、触电、物体打击、机械伤害、火灾和坍塌等事故的发生。项目管理部对检查发现的问题，及时形成安全隐患整改单，下发并要求总包单位按时整改。

　　本次"安全生产月"检查教育活动增强了各级管理人员及现场作业人员的安全生产意识，形成"人人讲安全、人人要安全、事事保安全"的浓厚氛围，达到了活动的预期。

范文模板二：

"献爱心、送温暖"
公司党支部组织开展向贫困山区捐款扶贫活动

　　为认真贯彻××××《关于组织开展××××活动的通知》精神，

进一步做好驻村联户帮扶工作，有效解决贫困户的实际困难，××××年××月××日，××××积极响应参与××区及××××集团组织开展的向××××村贫困户"献爱心、送温暖"捐款扶贫活动，组织公司全体员工向贫困山区捐款。

"献爱心、送温暖"扶贫捐款活动受到了公司全员的高度认同，大家积极参与，为扶贫脱贫贡献力所能及的力量。活动结束当天，党支部将募集到的款项全额上交集团并最终送至各位贫困地区的人民手中。涓滴之水成海洋，颗颗爱心变希望；让小爱汇成大爱，让大爱影响世界。

....

报：××××

送：××××

（共印××份）

第 3 章 调研分析类文书

调研分析类文书是一类对经济活动进行调查、研究、分析、预测、决定的应用文书，包括市场调查报告、项目建议书、可行性研究报告、经济预测报告、财务分析报告、产销分析报告、经济活动分析报告、企业管理咨询报告、商业计划书、统计分析报告、营销策划方案等，本章着重介绍以上各文种的格式写法、写作注意事项及范文模板。

3.1 市场调查报告

市场，从微观来讲，是指商品交换的场所；从宏观来讲，是指商品流通领域，反映的是商品流通的全局，是交换关系的总和。而市场调查则是系统地设计、收集、分析并报告与企业面临的特定市场状况有关的数据和调查结果的过程。这是了解市场、认识市场的一种有效的方法和手段。

为了增强产品在市场上的竞争能力，各个企业都希望能根据千变万化的市场动态，及时做出正确的决策，并在采取行动之前，能获得有关的市场信息和情报，避免做出错误的决策，降低决策的风险。尤其当企业由过去的地区性经营发展为全国性经营，甚至发展为国际性经营时，企业经营的决策者实际上已不大可能亲自与市场广泛接触。而市场情况千变万化，消费者的需求越来越多样化，他们的爱好、动机、欲望对企业经营的影响很大。因此，企业要密切关注市场信息，了解哪种产品是消费者需要的，如何定出合适的价格，怎样合理地选择分销渠道，选择适当的促销方式，适时满足客户需求，了解潜在的市场情况等，这些都需要做好市场调查，从多方面获取市场情报，敏感地捕捉市场信息，分析企业的生产与市场需求之间的内在联系，周密地分析和研究市场需求变化的规律，用以指导企业的经营决策，有预见地安排市场营销活动，提高企业经营管理水平。

市场调查报告就是在对调查得到的资料进行分析整理、筛选加工基础上，记述和反映市场调查成果的一种应用文书。

市场调查报告是一种专题调查报告，它除了具有调查报告的一般特点，还有其自身的特点：

（1）具有明确的目的性。撰写市场调查报告，是为了摸清市场行情，保障企业的生存和发展；是为了促进生产，指导消费，以满足人民群众物质和文化生活的需要。因此，撰写者在撰写市场调查报告时必须从市场实际出发，有针对性地调查研究产、供、销各个环节存在的问题，及时发现问题、解决问题。

（2）具有时效性。在经济活动中，时间就是效益，时间就是金钱。市场瞬息万变，市场调查报告必须快速地反映市场变化，及时为企业决策提供参考意见。因此，撰写市场调查报告要及时，只有及时了解国内外技术、经济消息，了解市场价格、需求和同类产品的竞争能力，才能不失时机地在一定范围内调整生产和经营，防止盲目生产、无效劳动，提高企业经济效益。

（3）具有实用性。市场调查报告反映了市场的现状及发展趋势，对于企业研制、生产和供应适销对路的产品来说，其实用价值是非常明显的、直接的。市场调查报告提出的合理化建议一经采纳，就会给企业带来经济效益，从而对员工生活、社会稳定和商务活动的正常运行产生积极的影响。

（4）使用的方法具有科学性和多样性。市场调查报告离不开市场调查。在进行市场调查时，一定要采用科学的方法，要仔细观察、形成假设、预测并进行检验；另外，不能过分依赖一种方法，应该是方法适应问题，而不是问题适应方法，只有通过多种渠道收集信息并进行分析，调查结果才能具有较大的可信度。

（5）具有评析性。市场分析报告不能离开基本事实和主要现象，但也不能只是事实的叙述和现象的堆砌，而是要通过系统的、全面的调研分析和评论，揭示经济发展的本质和规律。所以，市场分析报告的写作既要如实地反映客观情况，也要准确地评析客观现象。

市场调查的范围很广泛，凡是直接或间接影响市场经营销售的情报、信息，都是市场调查报告的内容。按其调查内容，可以将市场调查报告分为以下几种：

（1）市场环境调查报告。这类报告主要调查国内外市场环境，包括：政治、法律环境，如政府的有关政策，政府的有关法律法规，政局的变化；经济环境，包括国内生产总值或地区生产总值及其发展速度，物价水平、通货膨胀率、进出口税率及股票市值稳定情况，城乡居民家庭收入水平、人均可支配收入水平、城乡居民存款额，通信及交通运输、能源与资源供应、技术协作条件等；人口环境，包括人口规模、人口增长率、人口结构，地理分布、民族分布、人口密度、人口迁徙流动情况，出生率、结婚率，家庭规模和结构等；社会文化环境，包括教育程度、职业构成、文化水平，价值观、审美观、风俗习惯，宗教信仰、社会阶层分布，女性就业情况等。综合分析国内外市场环境，便于企业了解消费者和消费者行为，以正确细分市场和选择目标市场，制定企业的市场营销策略。

（2）市场需求量调查报告。这类报告主要调查市场的需求量和影响需求量的因素，包括：国内外市场的需求动向；现有的和潜在的市场需求量；社会拥有量、库存量；同类产品在市场上的供应量或销售量，供求平衡状况；本企业和竞争企业的同类产品市场份额；本行业或有关的其他行业的投资动向；企业市场营销策略的变化，对本企业和竞争者销售量的影响等。通过对市场需求量的调查，便于企业掌握国内外市场需求动向和需求供应情况，结合本企业的市场份额，预测本企业的销售量，研究如何保持或提高本企业市场份额等。

（3）消费者和消费者行为调查报告。这类报告主要了解消费者的情况及其购买行为，包括：消费者类别，如个人或企业、社会团体、民族、性别、年龄、职业、爱好、所在地区等；消费者的购买能力，如收入水平、消费水平、消费结构、资金来源、财务状况等；消费者的购买欲望和购买动机，什么因素影响购买者的购买决策，消费者不愿购买本企业产品的原因及其对其他企业生产的同类产品的态度；主要购买者、最忠实的购买者、使用者、新产品的首用者、购买的决策者、消费者的购买习惯，如购买地点、时间、数量、品牌、挑选方式、支付方式等。调查和了解消费者的情况及其购买行为，主要目的是使企业掌握消费者的爱好、心理、购买动机、习惯等，以便正确细分市场和选择目标市场，针对不同的消费者和市场采取不同的市场营销策略。

（4）竞争情况调查报告。这类报告主要调查竞争对手的总体情况、竞争能力及新产品的发展动向等，包括：竞争对手的调查分析，如竞争对手的数量和名称、生产能力、生产方式、技术水平、产品的市场份额、销售量及销售地区，竞争对手的价格政策、销售渠道、促销策略以及其他竞争策略和手段，竞争对手所处的地理位置和交通运输条件、新产品开发及企业的特长等；竞争产品的调查分析，如竞争产品的品质、性能、用途、规格、式样、设计、包装、价格、交货期等。通过对竞争情况的调查来判断本企业处于什么地位，以提高本企业产品的市场占有率，确定产品的发展方向和发展策略。

（5）经营政策调查报告。这类报告主要调查本企业的产品、价格、广告和推销政策、销售和技术服务政策等。通过调查，了解企业的销售能力是否适应消费者的需要，企业的销售策略是否合理，以便及时发现问题，及时改正。

（6）技术发展调查报告。这类报告的调查内容主要包括：新技术、新工艺、新材料、新能源的发展趋势和速度；新产品的技术现状和发展趋势，使用新技术、新工艺、新材料的情况等。

市场调查报告的主要作用是：通过市场调查，企业能够充分了解消费者的消费需求，有利于企业按照消费者的消费需求安排生产和开发适销对路的新产品，提高产品的市场占有率，完成产品从生产到消费的变化过程；通过市场调查，企业能够充分了解市场供需现状，预测供需变化趋势，科学制订供应总量计划和品种计划，这对于合理地安排市场供给，使供给和需求关系保持平衡有着重要的意义；通过市场调查，企业能够充分了解同类产品的价格，有利于企业在保证经济效益的基础上，确定自己产品的合理价格，使产品在市场上具有一定的竞争力；通过市场调查，企业能够充分了解同行业的经营状况，学习优秀企业的管理经验，有利于提高企业经营管理者的管理水平，从而获得最大的经济效益；通过市场调查，企业不仅能够了解国际市场的需求和价格，而且还能够了解需求国的各种情况，有利于企业全面掌握、科学分析国际市场的情况，增强对外贸易的应变能力，促进和发展对外贸易。总之，市场调查报告有助于企业从市场需求的实际出发，按经济规律管理企业，增强企业生产的计划性和科学性，有利于企业在产品竞争中取得胜利。

3.1.1 格式写法

一份完整的市场调查报告，一般由标题、目录、引言、正文、附件五部分组成。

1. 标题

一般情况下，市场调查报告的标题和报告日期、委托方、调查方应放在扉页。

市场调查报告的标题通常有单行标题与双行标题两种形式。单行标题又分为公文式标题和文章式标题。公文式标题的写法多种多样，由调查单位或区域、时间、内容和文种组成，如"××省××××年农村地区服装销售调查报告"；比较常见的写法还可以把调查区域、调查对象具体地表示出来，如"关于××市家电市场的调查报告"。文章式标题一般由主标题和副标题组成，主标题表明调查的主题，副标题则具体表明调查对象和问题，如"竞争在今天，希望在明天——全国洗衣机用户问卷调查报告""市场在哪里——××地区××××轻型客车用户调查报告"等。

2. 目录

如果市场调查报告的内容、页数较多，为了方便读者阅读，应当使用目录或索引形式列出报告所分的主要章节和附录，并注明标题、有关章节页码。一般来说，目录的篇幅不宜超过一页。

3. 引言

引言又称导语，是市场调查报告正文的前置部分。它一般概括市场调查报告的基本观点或结论，以便使读者对报告内容、意义等有初步的了解，然后用一个过渡句承上启下，引出主体部分。

引言的写法不必强求一致，可以根据调查报告的主旨、内容及表达方式的需要灵活安排。但这部分的文字务必精要，切忌啰唆烦琐；视具体情况，有时亦可省略这一部分，以使行文更加简洁。

4. 正文

市场调查报告的正文包括概要、主体和结尾三部分。

（1）概要部分主要包括三方面内容：①简要地说明调查的由来和委托调查的原因；②简要地说明调查目的和调查内容，其中，调查内容包括调查的时间、地点、对象、范围、要点及所要解答的问题；③简要地介绍调查研究的方法。介绍调查研究的方法，有助于提高调查结果的可信度，因此，对所用的方法要进行简短叙述，并说明选用方法的原因。例如，是用抽样调查法还是用典型调查法，是用实地调查法还是用文案调查法。这些都是在调查过程中经常被使用的方法。另外，针对一些调查分析方法，如指数平滑分析、回归分析、聚类分析等方法都应做简要说明。如果这部分内容很多，应提供详细的工作技术报告加以补充说明，并作为附件附在市场调查报告中。

（2）主体部分是市场调查报告的核心，也是写作的重点和难点所在。这部分不但要准确阐明全部有关论据，还要有可供市场活动决策者进行独立思考的全部调查结果和必要的市场信息，以及对这些情况和内容的分析与评论。

正文是详细展开报告内容和基本观点的部分，若内容单一，则可采用纵式结构，先说出问题，然后分析这一问题产生的原因，最后针对问题进行预测，提出建议；若内容比较丰富，头绪较多，则可采用横式结构，把问题分成几部分，按各部分之间的逻辑关系安排层次，通常可使用小标题，各部分分析完成后，再总起来提出措施和建议。

市场调研报告的主体部分多由情况介绍、分析预测和建议对策组成，是市场调研报告的核心。它要完整、准确、具体地说明调查的基本情况，进行科学合理的分析预测，并在此基础上提出有针对性的对策和建议。

①情况介绍。这部分主要对调查所获得的基本情况进行介绍，是全文的基础和主要内容，要用记叙和说明相结合的手法，将调查对象的历史和现实情况，包括市场占有情况，生产与消费的关系，产品、产量及价格等情况表述清楚。在具体写法上，既可按问题的性质将其归结为几类，采用设立小标题的形式；也可按照时间顺序，或者列出数字、图表或图像等加以说明。无论如何，都力求做到准确和具体，富有条理性，以便为下文进行分析和提出建议提供充分的依据。

②分析预测。这部分主要在对调查所获得的基本情况进行分析的基础上，对市场发展趋势做出预测。此部分主要采用议论的手法，对调查所获得的资料进行科学的研究和推断，并据以形成符合事物发展规律的结论性意见。用语要有论断性和针对性，做到析理入微，言简意赅，切忌脱离调查所获得的资料随意发挥。

情况介绍和分析预测也可放在一起写，边介绍情况边分析预测，这种有事实、有数据、有分析的写法更具说服力。

③建议对策。这部分内容是市场调查报告写作目的和宗旨的体现，要在上文情况介绍和分析预测的基础上，提出解决问题的具体方法和措施。这里需要注意的是，措施要有针对性和可行性，要能切实地解决问题。

（3）结尾是全文的收束部分，也是对引言的照应。在这里或是重申观点，或是加深认识。如果正文提出建议对策后便结束全文，也可省略此部分。

5. 附件

附件是指市场调查报告正文中包含不了或没有提及，但与正文有关且必须附加说明的部分。它是对报告正文的补充或更详尽的说明。附件包括数据汇总表及原始资料的背景材料和必要的工作技术报告，例如，为调查选定样本的有关细节及调查期间所使用的文件副本等。

3.1.2 写作注意事项

市场调查报告中引用的调查资料要翔实可靠，对于重要的数据要反复核实、测算，一定要做到准确无误。只有用真实、准确、丰富、典型的材料说明问题，人们才能从市场的变化和商品的经营中搞清楚市场机制的运行规律。

市场调查报告的撰写不能仅仅是材料的堆砌和数字的罗列，必须既有材料，又有观点，观点统帅材料，材料说明观点，切忌观点和材料脱节，更要避免二者相互抵触。

在整理和撰写报告时，要根据主旨的需要来取舍材料。市场调查报告要突出重点，一般以回答一两个重要问题为宜，切忌面面俱到。如果调查报告涉及的内容过多，可以分专题写几份报告，这样，每份报告都能突出自己的重点。

市场调查报告偏重于选用比较全面、系统、完整的事实及数据来阐述和说明问题，并且运用议论的表达方式提出措施和建议。

市场调查报告的语言要准确、简练、朴实，要能清楚地表达内容。如果正文中运用了小标题，那么各个小标题应力求简洁、醒目、匀称、体例一致。

3.1.3 范文模板

节能型灯泡为啥竞争不过老产品

最近,我们随国家有关部门和厂家的同志,就××××灯泡厂生产的节能型灯泡竞争不过老产品一事,进行了专门调查。

××××灯泡厂是我国生产节能型灯泡——双螺旋丝灯泡较早的工厂之一。××××年,从国外引进先进的生产设备,现在却要走回头路,岂非怪事?原来,节能型灯泡社会效益虽好,但对工厂来说,却是赔本的买卖。××××年以前,由于免税和试验经验费的补贴,××××灯泡厂生产节能型灯泡亏损不多或略有盈余。但是,××××年投入大批量生产后,按规定不能享受免税待遇,该厂今年第一季度生产×××万只,亏损××××万元。也就是说,每生产一只节能型灯泡,企业要赔××分钱。而生产同型号的老产品,每只可盈利××分钱。一亏一盈,企业利润减少××××万元。

因生产节能型灯泡导致亏损的现象,在全国同类型工厂中普遍存在。××省××××灯泡厂每生产一只节能型灯泡赔××分钱;××省××××灯泡厂每只节能型灯泡亏损××分钱;××市××××灯泡厂今年7月份以前享受免征产品税优惠,但是每只节能型灯泡仍要亏损××分钱。

企业生产节能型灯泡亏损的原因是成本高。节能型灯泡对钨丝、芯线、玻璃管、导线等材料的质量要求较高,所选用的材料与老产品不同,价格贵,每只灯泡大约要增加××分钱成本;国内配套材料,半成品如钨丝、玻璃管用于老产品,合格率为90%左右,而用于节能型灯泡,合格率只有70%左右;企业生产没有达到设计要求,设备利用率低。这些都是节能型灯泡成本高的原因。

对先进产品应当实行优质优价的政策,这是毫无疑义的。但是,优质优价必须得到市场的认可。××××灯泡厂正是在这个问题上碰了钉子。××省××××公司××××年以来共收购滞销的节能型灯泡××××万只。节能型灯泡之所以大量积压,并不是因为产品质量有问题。××××灯泡厂的节能型灯泡曾获全国同类产品评比总分第一,获国家"××杯"优秀新产品奖。产品积压的关键还是价格问题。……

节能型灯泡是我国普通白炽灯生产发展的方向,必须得到保护与支持,回头路走不得。那么，如何解决企业亏损、产品积压的问题呢？有关专家提出：

一是用价格、税收等经济杠杆扶持节能型灯泡的生产。……

二是加强对节能型灯泡的宣传工作，尽快打开市场。……

三是在社会效益与企业利益发生矛盾时，企业要顾全大局，向前看。……

…………

3.2 项目建议书

项目建议书，又称项目立项申请书或立项申请报告，是指根据国民经济的发展、国家和地方中长期规划、产业政策、生产力布局、国内外市场、所在地的内外部条件，项目筹建单位或项目法人就某一具体新建、扩建的项目通过调查研究、初步分析得出肯定的结果后，对实施该项目所具备的条件、项目的发展前景及经济效益进行概略论证的文件。

项目建议书是在调查研究、收集资料、初步分析投资效果的基础上，项目投资者向其主管部门提出的拟投资项目的正式书面建议，是专门对拟建项目提出的框架式的总体设想，它具有四个重要作用：一是作为项目拟建主体上报审批部门审批的依据；二是作为项目批复后编制项目可行性研究报告的依据；三是作为项目的投资设想变为现实的投资建议的依据；四是作为项目发展周期初始阶段基本情况汇总的依据。

需要注意的是，涉及利用外资的项目，只有在项目建议书批准后，才可以开展对外工作。

3.2.1 格式写法

项目建议书作为一份正式的书面文件，其形式有条款式和表格式两种，在实际应用时，应依据主管部门的要求，灵活表述或填写。条款式的项目建议书应以说明为主，叙述为辅，说明要得体，叙述要概括。

项目建议书一般由开头、正文和结尾三部分组成。

1. 开头

开头部分包括首页和目录页。

（1）项目建议书的首页应单独占一页，其内容包括：标题，即项目建议书的具体名称，标题的字体可稍大一点，以示突出；双方单位名称；双方单位项目负责人的姓名、职务；双方单位的地址、电话；双方单位的上级主管部门名称；呈报日期。

（2）目录页的首页应单独占一页，目录内容按页码顺序逐一列出。目录页的作用是为审阅者提供一个结构导图，目的是让审阅者能轻松地找到所要阅读的部分，这样可以让审阅者对项目建议书的主要内容先有一个总的印象。

2. 正文

项目建议书的正文部分一般由标题、称谓和主体三部分组成。

（1）标题。项目建议书的标题一般有三种形式：一是完整式标题，一般包括双方单位名称、合作经营项目、文种三个方面的内容，如"××××厂和××××公司合作经营××××配件厂的项目建议书"。二是只有文种，即"项目建议书"。三是省略双方单位名称，为了突出建议书的具体内容，可以写为"关于××××的建议书"。

（2）称谓。称谓即对项目建议书主送机关的称呼，置于行首，单独占一行，以表尊重。称谓之下，用"现将有关××××项目事项报告如下"启下文。

（3）主体。主体部分应按项目建议书内容的顺序分条列项来表述，必须运用可靠的事实和数据充分地说明项目设立的必要性与可能性。

项目建议书正文的主体部分主要包括四个方面的内容。

①合作双方单位的基本情况介绍。这一部分主要包括：拟合作项目的名称、地址；合作该项目的单位名称、地址、主管单位名称；项目负责人的姓名、职务；双方合作的必要性和可能性，包括技术和技术力量，产品品质和竞争力；国内外市场的供求、销售方式，利用国外资金以及对发展本行业、发展本地经济所起的积极作用等。

②拟合作项目的主要内容。这一部分主要包括：企业的经营范围、产品的选择、发展方向和生产规模及计划；销售渠道和国内外市场分析；主要原材料和配套件供应；拟合作项目的地点、周围环境及环境保护、基础设施、

市政配套以及交通运输条件；合作方式和合作年限。

③投资及经济效益估算。这一部分主要包括：投资总额估算、注册资本、双方出资比例和出资方式；投资方式和资金来源（即是否以土地、厂房、机器设备作价投资，投资资金是自筹还是贷款等）；资金筹措、合作项目贷款的可行性；职工（包括管理人员、科技人员）人数估算和来源；外汇平衡估算及平衡办法；投资回收率、回收时间及合作双方经济效益的估算。

④需要解决的问题。这一部分应如实地将拟合作项目尚存在的一些困难或需要有关部门协助解决的问题，以及如何解决的建议、打算写清楚，便于上级部门掌握、协调。

3. 结尾

结尾部分包括落款和附件，落款即签署发文单位名称和日期。如有附件，应在结尾处写明附件的名称及份数。

3.2.2　写作注意事项

因为项目建议书是呈送上级部门审批的综合性经济报告，所以撰写者应熟悉该项目的业务，广泛收集合作双方的有关资料，掌握双方每次会谈纪要、备忘录和意向书的内容精神，以及本单位所具备的相应条件和经济状况。

项目建议书属于上行文书，它与"提案"和"请示"有相似之处。撰写时需要注意两个方面：一方面写明项目建议书的撰写理由、政策依据、实质内容、实施方法等情况，另一方面对拟合作项目的性质、任务、工作计划、方法步骤、合作预期目标及实施可能性等内容进行细致、全面的汇报，以达到请示审批的目的。

项目建议书一般由项目的申请单位编制完成，目的是获得批准立项。因此，它的内容应充分地反映立项的必要性和可能性。这种论证过程不同于一般的经济活动分析，不需要大量严密的理论性论述，而应通过确凿可靠的事实、充分有据的理由予以概括说明。例如，可以从本单位的经营现状、投资方的技术和资金优势、项目（产品）的发展前景、合作后的经济效益等方面陈述建设合作项目的必要性与可能性，力求事实准确、理由充分。此外，项目建议书不同于可行性研究报告，因此，只需对拟建项目做粗略而概括的论证，投资估算的准确度允许在-30%～+30%之间。

项目建议书的写作，是以数量方面所表现出的规律性为依据的，要求对未来的发展趋势进行科学、严密的推断分析。如果分析方法不当或计算出现偏差，那么得出的结论就会和实际有出入，甚至出现错误，所以分析方法的选定十分重要。在实际操作中，如何选定分析方法，如何确定参数等，都是需要认真研究的问题，因此，撰写者在撰写项目建议书的过程中，一定要从实际出发，具体问题具体分析，认真研究，反复比较，不能盲目套用，要确定最符合实际、最科学合理的分析方法，以获得最真实、最有价值的结论，为科学决策提供正确依据。

项目建议书条项繁多，内容复杂，在撰写时一定要拟订提纲，逐一将条项以小标题的形式列举出来，不要遗漏，保证内容的完整性。内容的完整性还要求撰写者做到主次分明，条理清楚。如前所述，项目建议书的内容一般来说都有较固定的表述顺序，随意颠倒、相互穿插都会破坏其内容的逻辑性和完整性。

项目建议书应力求文字简洁明了。例如，在介绍双方企业的资金、设备、生产能力和概述合营项目的发展前景时，可列举一些具体的数据，这样，既行文简洁又一目了然。

3.2.3　范文模板

关于申请成立××××公司的项目建议书

××市××××委员会：

现将有关中外合资企业项目事项报告如下：

一、中外双方简介

（一）中方简介

单位名称：××省××××房地产开发公司

所有制性质：全民所有制

地址：××市××路××号

电话：××××　　传真：××××

现有职工：××人　　专业技术人员：××人

固定资产：××××万元　　占地面积：××××平方米

建筑面积：××××平方米

（二）外方简介

企业名称：××××有限公司

英文名称：××××

注册国家或地区：××××

法定地址：××市××路××号××××大厦××楼

法定代表人姓名：×××　　职务：董事长　　国籍：××

电话：××××　　传真：××××

企业规模、资产、信誉概况：企业有良好的资信情况，在××××银行开户，往来情况正常。

二、申报项目的理由及利用外资的方式

1．理由

…………

2．利用外资的方式

…………

三、产品目标

1．产品名称、简要规格、生产能力、技术水平

…………

2．国内外需求情况及产品销售地区预测

…………

四、投资估算及来源

…………

五、主要进口设备清单

…………

六、主要原材料、水电、气、运输等的需要量和来源

…………

七、社会经济效益分析

…………

××省××××房地产开发公司

××××年××月××日

3.3 可行性研究报告

一般来说，一个项目的项目建议书经有关主管部门批准后，即可进行可行性研究，编制可行性研究报告。在一个经济项目的立项、审批过程中，可行性研究是最后一个至关重要的环节。

可行性研究报告，又叫可行性论证报告，是有关企业、部门或专家组运用经济理论和科学方法，从经济、技术、资金、市场、销售等方面对拟出台的决策、拟新建的项目进行全面调查、分析、论证、比较，并从法律、政策、环保以及对整个社会的影响等方面做出科学论证与评价的，阐述实施该决策或项目的可行性、有效性的应用文书，亦是为最终确立和审批提供可靠依据的书面文件。

可行性研究报告的编制程序一般分为初步可行性研究和详细可行性研究。

（1）初步可行性研究也称预可行性研究。它是在项目建议书的基础上，对内容和方案进行粗略估算、初步审查，以确定该项目是否可行的一种研究过程。初步可行性研究对投资额和成本估算的准确度应控制在-20%～+20%之间。它的结论一般分为以下几种：否定项目，停止继续研究；可以投资，或决定合资；还需经过详细可行性研究，经过慎重严谨的分析后再做决定。因此，初步可行性报告的主要作用是，对于一些大型的、复杂的项目，可以及早得出大致的结论，避免人力、物力、财力的浪费。需要注意的是，初步可行性研究处于项目建议书与详细可行性研究之间，是一个过渡性阶段，并非必经阶段。一些不太复杂的项目往往在批准立项后，就可以直接进入详细可行性研究。

（2）详细可行性研究，又称正式可行性研究、技术经济可行性研究，或简称可行性研究。它是全方位、多方案进行科学的数据分析和严格的技术经济论证后，提出最终决策方案的一种研究过程。详细可行性研究报告是对报告内容和方案进行周详的分析、探讨、论证后得出的结论，其对投资额和成本估算的准确度应控制在-10%～+10%之间。所以说，详细可行性研究报告是投资方是否做出投资决策的书面文件，也是主管部门、计划审批部门以及银行、金融机构做出决策的依据。

需要说明的是，一般来说，小型的、比较单一的项目，可以直接进行正式可行性研究；而大型的、比较复杂的项目，则可进行反复多次的可行性研究，直至得到唯一的结论。

可行性研究报告是一项充分体现科学性、严密性、准确性的工作成果，其特点具体表现在以下几个方面：

（1）论证的科学性。论证的可行性与合理性，是可行性研究报告的目标。这个目标要求可行性研究报告必须在大量的数据资料、分析报告及方案选择的基础上进行多方面的评估，最终做出科学的决策。可以说，编制可行性报告的过程，就是进行科学论证的过程。

（2）分析的辩证性。辩证的分析是科学论证的基础和依据，论证的科学性又对分析的辩证性提出了更高的要求。这就要求在项目可行性研究过程中，针对不同的对象充分运用动态分析与静态分析、定量分析与定性分析、统计分析与预测分析、分阶段分析与全过程分析、宏观分析与微观分析、可行性分析与风险分析等科学分析方法，防止可行性研究报告片面化、简单化。

（3）决策的准确性。从项目发展的角度来说，可行性研究报告是一种指导未来行动的书面文字。决策的正确与否，决定了项目的成败。因此，可行性研究报告的主要目的就是论证所选的项目是否可行，寻找最佳方案，从而得出正确的结论。

可行性研究报告根据不同的划分标准，可分为不同的种类。按内容和用途划分，可分为政策、改革方案的可行性研究报告，建设项目的可行性研究报告，中外合资经营的可行性研究报告，引进或开发性项目的可行性研究报告，企业融资、对外招商合作的可行性研究报告，银行贷款的可行性研究报告，申请进口设备免税的可行性研究报告，境外投资项目核准的可行性研究报告；按性质划分，可分为肯定性可行性研究报告、否定性可行性研究报告、选择性可行性研究报告。

政策、改革方案的可行性研究报告：主要对议定中的经济、技术政策或改革方案的必要性和实施的可行性进行分析论证，为制定政策、深化改革提供依据和建议。

建设项目的可行性研究报告：主要是指根据国家机关制定的有关管理办法中规定的那些生产建设和基础设施建设项目以及利用外资、技术改造等项目的可行性研究报告。这类报告主要适用于国家发展改革委立项的项目，是大型基础设施项目立项的基础文件；另外，医药企业在申请相关证书时也需要编写此类可行性研究报告。

中外合资经营的可行性研究报告：是对中外合资经营项目可行与否进行研究论证的报告。这类报告研究论证的重点是外国合营者的资信度以及产品销路的问题。

引进或开发性项目的可行性研究报告：这类报告主要适用于引进新技术、新设备以及开拓新市场、开发新产品、采用新工艺和新管理方法之类的项目。它主要从发展前景、技术或设备的先进性、生产需要、市场需求、效率等方面论证其可行性。

企业融资、对外招商合作的可行性研究报告：企业在融资或对外招商时，通常不仅要提供准确的市场分析和合理的投资方案，还要提供竞争分析、营销计划、管理方案、技术研发等实际运作方案。

银行贷款的可行性研究报告：商业银行在批准贷款前进行风险评估时，需要项目方出具详细的可行性研究报告。对于国家开发银行等国内银行，这类报告由甲级资格单位出具，通常不需要再组织专家评审。部分银行的贷款可行性研究报告虽没有资格方面的要求，但要求融资方案合理，分析正确，信息全面。另外，在申请国家的相关政策支持资金、工商注册时往往也需要编写可行性研究报告，该文件类似用于银行贷款的可行性研究报告。

申请进口设备免税的可行性研究报告：主要用于申请进口设备免税。

境外投资项目核准的可行性研究报告：企业在进行国外矿产资源和其他产业投资时，需要编写可行性研究报告报给国家发展改革委，需要申请中国进出口银行境外投资重点项目信贷支持时，也需要编写可行性研究报告。

肯定性可行性研究报告：肯定或认可拟建项目实施的必要和可行的报告。大多数可行性研究报告属于这一类。

否定性可行性研究报告：通过分析论证，发现拟建项目不具备实施的条件，从而予以部分否定或完全否定的报告。

选择性可行性研究报告：拟建项目可能提出了两个或两个以上实施方案，通过分析论证，肯定其中一个方案，否定其他方案的报告；或者在肯定拟建项目的前提下否定其具体实施方案，需要申请者再提供两个或两个以上可行方案供决策者选用。

可行性研究报告一经呈报批准，投资各方就可依其所确定的方案，开展合同、章程的起草与签署，以及合资企业的筹备、兴建等工作。

可行性研究报告是确定建设项目前具有决定性意义的工作，是在投资决策之前，对拟建项目进行全面分析论证的科学方法。在投资管理中，可行性研究是指对与拟建项目有关的自然、社会、经济、技术等方面进行调研、分析、比较，以及预测项目建成后的社会效益和经济效益。在此基础上，综合论证项目建设的必要性、财务的盈利性、经济的合理性、技术的先进性和适应性以及建设条件的可能性和可行性，从而为投资决策提供科学的依据。

3.3.1 格式写法

可行性研究报告通常都是单独成册的，一般包括封面、目录、引言、正文、结论和建议、落款、附件七个部分的内容。

1. 封面

在封面页分行写可行性研究报告的标题、项目主办单位及负责人、研究报告单位及负责人、主要编写人员等。

可行性研究报告的标题由单位名称、拟建项目名称和文种组成，如"×××市××××有限公司与××国××××公司合资经营××××牌轿车的可行性研究报告"。

2. 目录

如果报告的内容多、篇幅长，为方便审阅者使用，可以按章、节、目等编排目录。目录应单独占一页。

3. 引言

引言便于引入正文，对报告进行总体说明。一般引言概括介绍项目的由来、目的、范围以及本项目的承担者和报告者、可行性研究的简况等。

4. 正文

编写可行性研究报告是一项对科学性、严密性、准确性要求极高的工作，明确并掌握可行性研究报告的内容，可以提高整个可行性研究的效率，避免决策失误。

可行性研究报告正文的内容及侧重点因行业不同而差异很大，但一般应包括以下内容：

（1）投资必要性。主要根据市场调查及预测的结果，以及有关的产业政策等因素，论证项目投资建设的必要性。在投资必要性的论证上，一要做好投资环境的分析，对构成投资环境的各种要素进行全面的分析论证，二要做好市场研究，包括市场供求预测、竞争力分析、价格分析、市场细分、定位及营销策略论证等。

（2）技术可行性。主要从项目实施的技术角度，合理设计技术方案，并进行比选和评价。各行业不同项目技术可行性的研究内容及深度差别很大。对于工业项目，可行性研究的技术论证应达到能够比较明确地提出设备清单的深度；对于非工业项目，技术方案的论证也应达到工程方案初步设计的深度，以便与国际惯例接轨。

（3）财务可行性。主要从项目及投资者的角度，设计合理的财务方案，从企业理财的角度进行资本预算，评价项目的财务盈利能力，进行投资决策，并从融资主体（企业）的角度评价股东投资收益、现金流量计划及债务清偿能力等。

（4）组织可行性。制订合理的项目实施进度计划、设计合理的组织机构、选择经验丰富的管理人员、建立良好的协作关系、制订合适的培训计划等，保证项目顺利执行。

（5）经济可行性。从资源配置的角度衡量项目的价值，评价项目在实现区域经济发展目标、有效配置经济资源、增加供应、创造就业、改善环境、提高人民生活等方面的效益。

（6）社会可行性。分析项目对社会的影响，包括政治体制、方针政策、经济结构、法律道德及社会稳定等。

（7）风险因素控制可行性。对项目的市场风险、技术风险、财务风险、组织风险、法律风险、经济及社会风险等因素进行评价，制定规避风险的对策，为项目全过程的风险管理提供依据。

每个部分都应分条列项按顺序表述可行性研究报告的具体内容。对于不同项目的可行性研究报告，各项内容应有所侧重或增减。由于可行性研究报告的篇幅较长，内容复杂，列述时还要注意各个部分大小标题的格式和序码的使用。

5. 结论和建议

当可行性研究报告完成了所有方面的分析以后，应对整个可行性研究得出综合性的评价、结论,指出优点和缺点,并提出建议。

6. 落款

可行性研究报告的落款应包括合作双方单位的项目行政、技术、经济负责人的现行职务及本人签字。

7. 附件

附件是可行性研究报告的一个重要组成部分。附件包括有关重要资料、证明文件和有关表格,主要是为了说明正文中有关材料与论证的可靠性,供项目审批机关参考。

可行性研究报告的附件较多。以中外合资项目可行性研究报告为例,主要有中方的资格证明、资产评估书,外商的资格、资信、经营状况等有关的证明文件,有关资金、场地、基础设施配套、环境保护等内容的协议文件或上述业务主管部门的签署意见;有关意向书、建议书的上级机关批准文件等。

3.3.2 写作注意事项

可行性研究报告除了具有明显的专业性、科学性、系统性等特点,还有相当的复杂性。这就给可行性研究报告的编写者提出了更高的要求。在编写的过程中,要注意以下几个方面:

可行性研究报告是一种专业性较强的文种。其内容不仅要准确、详细、完整,而且涉及工程、技术、财务、环境、法律等多方面的专业知识。因此,编写者要具有相应的专业知识与实践经验,以保证可行性研究报告具有专业性。在编写的过程中,还应该充分发挥各种专业人员的作用,充分运用各自的专业知识,按照科学的方法和步骤,进行测算分析、论证推断,为项目的审批机关提供可靠的具有专业性的资料。

可行性研究报告采用以叙述和说明为主、议论为辅的写作方式,从各方面、各层次来表述对拟建项目的看法和意见。在编写时,观点要明确,分析问题要辩证,列举的事实要可靠,得出的结论要正确,使全文层次清楚,严谨周密。

可行性研究报告既是项目主办方最终决策研究的文书,也是供上级主管部门决策的依据。它的质量好坏,直接关系到投资项目的社会效益和经济效益的好坏。因此，在编写可行性研究报告时，必须实事求是、科学准确，切忌浮夸、含混不清。

3.3.3 范文模板

关于在××××建立钛白粉厂的可行性研究报告

钛白粉是精细化工产品，占世界无机颜料总消费量的50%以上，占世界白色颜料总消费量的80%以上，主要用于涂料，其次是塑料、造纸、橡胶、化纤等。

钛白粉分金红石型和锐钛型两大类，有硫酸法和氯化法两种生产工艺。

钛白粉历来是世界性的热销商品。我国钛白粉历来短缺，特别是占涂料用量50%以上的金红石型钛白粉，几乎全靠进口。为了满足国民经济发展的需要，要大力发展钛白颜料，重点是发展高档钛白颜料。

一、在××××建立钛白粉厂的基本条件

中国是世界钛资源最丰富的国家之一，总蕴藏量约××××亿吨。××××钛资源占全国海滨钛资源的65%以上，总储量约××××万吨，分布在沿海×××多公里的沙滩中，共有矿区××××处。××××钛资源与国内各地钛资源相比，质优易采。目前，××××每年可采××××万吨钛砂矿，每年钛精矿达××××万吨。

二、钛白粉市场概况

我国钛白粉工业落后，其产量仅占世界总产量的1.3%，发展缓慢。××××年颜料级钛白粉产量有所增加……

……

三、生产工艺的选择和技术设备的来源

1. 生产工艺的选择。……

2. 技术设备的来源。……

3. 主要设备名称。……

四、建设规模、物料及动力供应规划

……

五、厂址选择

……

六、环境污染的防治

……………

七、生产组织形式和劳动力定员

……………

八、投资概算和资金来源

1．投资概算

……………

2．资金来源设想

……………

九、经济分析

1．成本估算

……………

2．利润估算

……………

3．净现值分析

……………

4．基准投资收益率

……………

5．盈亏平衡分析

……………

6．敏感性分析

……………

十、结论

以上分析研究表明：可以开发利用××××丰富、易采、质优的钛砂矿。引进国外先进的技术设备，以××××为基地建设年产××××万吨（第一期）氯化法金红石型钛白粉厂是可行的。若不能引进国外先进的技术设备，利用国内现有的技术设备在××××建设年产××××万吨（第一期）氯化法金红石型钛白粉厂也是可行的。

××××

××××年××月××日

附件：（略）

3.4 经济预测报告

经济预测报告，即根据过去和现在的实际资料，运用科学的理论和方法，预见、分析和推断在今后一定时期内经济发展过程及其变化趋势的应用文书。简言之，经济预测报告就是根据过去和现在的经济活动资料推断未来的经济活动趋势，根据已知推断未知。

经济预测报告以正确的经济理论为指导，以经济调查为基础，以科学的分析研究为依据，通过大量翔实的统计数据、资料和情报，预计、推测未来一定时期内经济活动的发展状况和变化趋势。

经济预测报告具有预测性、科学性、或然性、时效性和陈述性等特点。所谓预测性，即经济预测报告是以预测经济活动未来状况和趋势为目的的，其主要内容为预测理由、预测结论、预测建议。所谓科学性，即经济预测报告通过运用现代技术和科学方法，找出经济活动的发展规律并预测未来。所谓或然性，即经济预测报告侧重于对未知状况的推断、反映未来经济发展的动向。所谓时效性，即经济预测报告具有较强的时效性，它的时效性特征主要表现为内容的预测性。所谓陈述性，即经济预测报告采用报告的形式，这就必然呈现它的陈述性特点。

经济预测报告的种类繁多，从不同的角度，按不同的标准可以有多种分类方式。

按预测的范围，可分为宏观经济预测报告和微观经济预测报告。宏观经济预测报告是指对全球经济、整个国民经济、一个地区、一个行业的经济发展前景的预测。微观经济预测报告是指针对微观经济的未来活动的预测，如对一个企业、一个乡镇、一个家庭经济发展前景的预测。

按预测的时间，可分为长期、中期、短期、近期经济预测报告。长期经济预测报告是对5年以上的经济发展前景进行预测而撰写的预测报告。中期经济预测报告是对2~4年内的经济发展前景进行预测而撰写的报告。短期经济预测报告是对1年左右的经济发展前景进行预测而撰写的报告。近期经济预测报告是对不到1年的经济发展前景进行预测而撰写的报告，是制订近期计划、决定近期经济活动具体任务的依据。

按预测的空间，可分为国际性的经济预测报告、全国性的经济预测报告、地区性的经济预测报告及更小范围的经济预测报告。

按预测的内容，可分为市场预测报告、生产预测报告、销售预测报告、战争预测报告、技术发展预测报告、社会购买力预测报告等。

按预测的方法，可分为定性分析预测报告和定量分析预测报告。定性分析预测报告是预测经济目标的性质在未来走向的报告，有的调查材料无法用数字表达或衡量，只能预测目标的发展方向，这便是定性分析预测。比如，预测下半年的服装将流行什么款式、颜色、质料等，就不是数字所能表达的。定量分析预测报告是指对经济对象进行定量分析，从而预测经济现象在未来时间内发展的数量界限，也可称统计分析预测报告或数学分析预测报告。它运用数学模型或统计公式分析现在和过去的有关数据，预测经济发展前景。

经济预测报告可对经济发展的前景做出推断和描述，以提供经济决策的科学依据；能降低工作计划的不确定性，使指标定得合理和稳妥；对经济活动前景的勾画可使企业加强经济核算，以掌握经济管理的主动权，增强自身的竞争能力。

3.4.1 格式写法

经济预测报告一般由标题和正文两部分组成。

1. 标题

经济预测报告常用的标题形式有以下几种：

（1）完整式标题。这种标题由预测时限、预测范围、预测对象和文种组成，如"××××年××省汽车市场需求状况预测"。

（2）省略式标题。这种标题不是四要素俱全，而是着重强调某一方面，有的强调预测时限，有的强调预测范围，但预测对象和文种不能省略。如"××地区儿童智力玩具市场预测"，只有预测范围、预测对象和文种，省略了预测时限；"××××年餐饮业发展预测"，只有预测时限、预测对象和文种，省略了预测范围；"羽绒服发展趋势预测"，则只有预测对象和文种，省略了预测时限、预测范围。

（3）消息式标题。这种标题类似于新闻报道的消息标题，标题中多不用"预测"两个字，如"我国彩电生产有多大市场""自行车市场需求持续上升"等。

无论采用哪种形式的标题，预测对象是不能缺少的。

2. 正文

经济预测报告的正文包括引言、主体和结尾三个部分。

（1）引言，也称导语。经济预测报告的引言，主要简要说明预测的目的和意义，介绍预测对象的历史和现状，说明预测的方式、方法。这一部分引用的情况和数据必须是经过调查的现实情况与数据资料，要准确、典型，并经过认真的筛选、仔细的分析研究，表述要概括、精当。这是保证经济预测报告质量的重要前提。

（2）主体。经济预测报告正文的主体是预测报告的重点部分，包括分析与计算、结论与建议。这一部分的内容比较多，撰写时一定要精心安排：对材料的组织安排灵活多样，可用并列式结构，对预测对象的几个特点加以阐述；可用连贯式结构，按照发展顺序阐述预测报告的内容；可用分总式结构，依循因果关系来表述。

①分析与计算，即对认真整理和筛选出来的情况与数据进行全面且科学的定性、定量分析，揭示本质，预测经济未来的发展趋势和规律。为保证预测的准确性，尽可能使用全面、合理的预测方法。为使文章条理清楚，层次分明，往往采用分条列项的方法叙述或列出标题，点明每层内容的中心，还应注意重点突出，逻辑严密。

②结论与建议，即根据预测的结果提出建议和改善经营的办法，这是经济预测报告的根本目的及现实意义的集中体现。在前面分析了现状，预测了未来，明确了预测对象的发展趋势及规律，在此基础上提出一些结合实际的切实可行的建议，为未来出现的问题指出方向。建议要有针对性，具体明确，具有可操作性，便于实施，最好能体现突破性、创新性。

（3）结尾。有很多经济预测报告没有专门的结尾，结论与建议写完后就结束全文。若有结尾，有的则回应开头，或归纳全文，或提出应该注意的问题。应根据报告的内容决定是否需要撰写结尾。

3.4.2　写作注意事项

影响经济预测的因素是多方面的，因此，经济预测报告的撰写者要广泛收集资料。预测所需的资料，既要包含反映历史发展状况的资料，也要包含反映某一特定时期内预测对象各方面情况的资料。预测者既要历史地看问题，也要运用现实资料进行横向比较分析。在广泛占有资料的基础上，还要对资料进行周密的分析，以判断资料的真实性、可靠性，要对资料进行去粗取精、去伪存真的整理。只有根据真实可靠的资料，才能做出正确的判断，才能写出符合实际的经济预测报告。

经济预测报告中经常会使用各种专业术语，数据很多，撰写时一定要严谨、准确、朴实。严谨，是指用语谨慎，行文紧凑，使用数字和一些模糊语言时不能随意。准确，是指表达的词句意思要清楚明白。目前，一些词语的外延不断扩大，互用性很强，撰写者使用时要注意词语的细微区别。朴实，是指用语干净利落、不粉饰、不渲染、不铺陈、不夸张、不带有主观色彩。

经济预测报告是对经济活动未来走向的一种判断，在预测时应当从客观实际出发，做出恰当的推断。要避免武断，防止出现预测结果与实际情况之间偏差过大。

3.4.3 范文模板

××××年中国电视综艺节目市场分析及预测

近年来，电视综艺节目的恢复性增长引人瞩目。在××××年评选的以收视率和市场份额为主要衡量指标的《×××××》中，综艺节目占了××××席。《×××××》《×××××》等一系列优秀综艺栏目提升了综艺节目的市场表现，减少了电视台对单一节目类型（如电视剧）的倚重，丰富了观众的选择，增加了电视节目的整体竞争力。

一、中国电视综艺节目现状与发展前景分析

（一）电视综艺节目无疑已经成为电视屏幕上最具观赏性、最具话题性、最具卖点的、受众最为广泛的节目类型。节目的形式越来越灵活多样，也拥有了越来越多的观众。……

（二）节目种类繁多，花样百出，但缺乏创新意识，盲目跟风现象严重，节目趋于粗俗化。……

（三）受众群体由之前的各个年龄阶段基本平均逐步向年轻化转变。……

……

二、××××年中国电视综艺节目的发展趋势

（一）关注当下社会热点，贴近民生，将社会热点与访谈、游戏、喜剧巧妙地融合在一起。……

（二）互动性和对话性节目强势突起，体现了大众的广泛参与性。……

（三）由于电视综艺节目兼容性的特点，今后电视综艺节目将会出现多种艺术形式兼容的现象。……

（四）电视综艺节目在内容上将呈现人文关怀和追求文化品位的人文趋势。……

三、对中国电视综艺节目发展的建议

（一）有效发挥政府的规划作用。……

（二）增强节目的文化内涵，打造品牌化节目。……

（三）加强对相关人才素质的培养。……

3.5　财务分析报告

财务分析报告，又叫财务情况说明书，是企业定期或不定期地依据财务报表及经营活动和财务活动所提供的丰富、重要的信息及其内在联系，运用一定的分析方法，对企业的经营特征、利润实现及其分配情况，资金增减变动和周转利用情况，税金缴纳情况，存货、固定资产等主要财产物资的盘盈、盘亏、毁损等变动情况，以及对本期或下期财务状况将产生重大影响的事项做出客观、全面、系统的分析和评价，并进行必要的科学预测而形成的书面报告。

随着商品的不断流转，企业的资金也在不断周转，这构成了资金的筹集、运用、耗费和分配等方面的活动，这就是企业的财务活动。财务分析报告的目的是向领导和有关部门提供财务收支情况，检查企业完成生产、经营、科研成果转化或购销任务的情况，及时反映各项经济技术指标完成的实际情况，探讨、揭露和寻找问题及原因，并提出指导性的对策和建议，为加速资金周转、保证财务工作正常运转、提高经济效益而提供可靠的依据。

财务分析报告具有指导性、综合性、内向性等特点。

所谓指导性，即财务分析报告要分析财务活动中的各种矛盾，总结经验教训，以便采取措施，加强财政管理，使企业的财务活动自觉置于党和国家

的方针政策引导之下、财政制度和财政监督之下、上级机关和本单位领导指导之下。所以，财务分析报告对经济部门和企业的发展方向、工作重点和计划的确定具有重要的指导作用。可以说，企业未来的财务活动是以对过去财务活动的分析为基础的。

所谓综合性，即财务分析报告主要运用各种会计、统计及有关业务资料，分析企业的财务情况，包括资金运用和效益情况、财务收支和指标完成情况等，然后在此基础上进行综合分析，预测发展前景，肯定成绩，提出建议。

所谓内向性，即一个经济部门或企业进行财务分析，其根本目的是挖掘内部潜力，提高经济效益，改进和加强自身财务管理、生产经营管理的水平。因此，财务分析报告主要作用于内部，具有内向性的特点。

财务分析报告按其内容、范围、分析时间的不同，主要分为以下几种类型：

（1）综合分析报告，又称全面分析报告，是企业依据资产负债表、损益表、现金流量表、会计报表附表、会计报表附注及财务情况说明书、财务和经济活动所提供的丰富、重要的信息及其内在联系，运用一定的分析方法，对企业的经营特征、利润实现及其分配情况，资金增减变动和周转利用情况，税金缴纳情况，存货、固定资产等主要财产物资的盘盈、盘亏、毁损等变动情况，以及对本期或下期财务状况将产生重大影响的事项做出客观、全面、系统的分析和评价，并进行必要的科学预测而形成的书面报告。它具有内容丰富、涉及面广，对财务报告使用者做出各项决策有深远影响的特点。由于综合分析报告几乎涵盖了对企业财务计划各项指标的对比、分析和评价，能使企业经营活动的成果和财务状况一目了然，及时反映存在的问题，这就给企业的经营管理者做出当前和今后的财务决策提供了科学依据。同时，全面、系统的综合分析报告，可以作为对今后企业财务管理进行动态分析的重要参考资料。

综合分析报告主要用于半年度、年度财务分析。撰写时必须对分析的各项具体内容的轻重缓急做出合理的安排，既要全面，又要抓住重点。

（2）专题分析报告，又称单项分析报告，即根据企业加强经营管理的需要，对某些重大政策性问题、经济措施或某些薄弱环节进行重点的调查和分析后形成的书面报告。它具有不受时间限制、一事一议、易被经营管理者接受、收效快等特点。因此，专题分析报告能总结经验，引起领导和业务部门的重视，从而提高管理水平。专题分析报告的内容很多，例如，关于企业清理积压库存，处理逾期应收账款，对资金、成本、费用、利润等方面的预测分析，处理母子公司各方面的关系等问题均可进行专题分析，从而为各级领导做出决策提供现实的依据。

（3）简要分析报告，一般围绕企业在一定时期内的主要经济指标，或财务方面存在的问题或比较突出的问题，进行概要的分析而形成的书面报告。简要分析报告具有简明扼要、切中要害等特点。简要分析报告能反映企业在一定时期内业务经营的基本情况，企业累计完成各项经济指标的情况，并预测今后的发展趋势。一般月末、季末的月度、季度财务分析报告，多采用这种类型。

（4）对比分析报告，即业务主管部门对所属企业的某些财务指标，采用分列对比的方式进行分析研究，以便找出差距，剖析造成差距的原因，使后进赶先进、先进更先进，推动劳动竞赛的开展。

（5）典型分析报告，即对完成经济指标好的或差的典型企业，或对某些典型事例，采取"解剖麻雀"的方法，有针对性地进行分析和研究，找出先进或落后的主观原因和客观原因，以便以点带面，推动全盘工作，或从中吸取教训，防止继续出现同样的失误。

（6）定期分析报告，一般是指由上级主管部门或企业内部规定的每隔一段时间应予编制和上报的财务分析报告。例如，每半年、年末编制的综合财务分析报告就属于定期分析报告。

（7）不定期分析报告，是从企业财务管理和业务经营的实际需要出发，不做时间规定而编制的财务分析报告。例如，上述的专题分析报告就属于不定期分析报告。

3.5.1 格式写法

财务分析报告的撰写有约定俗成的惯用格式，一般来说，财务分析报告由标题、正文、落款三部分组成。

1. 标题

标题是对财务分析报告最精练的概括，它不仅要确切地体现报告的主题思想，而且要用语简洁、醒目。因财务分析报告的内容不同，其标题也没有统一的标准和固定的形式，撰写者应根据具体内容而定。

一般来说，财务分析报告的标题由单位名称、时限和文种组成，如"×××× 有限公司××××年度财务分析报告"；或由时限和文种组成，如"××××年度财务分析报告"。

2. 正文

财务分析报告正文的结构大致有以下几种形式：

（1）叙述式。即按所要分析的财务指标的顺序，逐一分段叙述各项指标的变化情况及其影响因素。这种结构形式能比较详尽地反映各项指标的变化情况及其影响变化的因素。

（2）条文式。即对所要分析的主要指标，简要地列出几条进行概括性分析，它能给人比较明确的概念，便于报告接收者掌握分析内容，但往往不易将问题分析透彻。

（3）表格式。即按各项指标的变化情况，设计一套分析表格并附上适当的文字说明。这是一种简洁明了的形式。

（4）三段式。即将整个报告分为三个部分，第一部分写本期财务状况的主要变化及其原因；第二部分抓住本期财务活动的几个重要问题展开论述；第三部分写从财务状况变化中反映出来的问题，以及改进企业经营管理的具体建议。

财务分析报告的正文一般由开头、主体和结尾三部分组成。

（1）开头部分主要概括说明企业的综合情况，让报告接收者对财务分析报告有一个总的认识。

（2）主体部分是财务分析报告的核心部分。因写作目的不同，每份报告主体部分的侧重点也不尽相同，但一般都包括说明、分析、评价三个部分。

说明部分是对企业运营及财务现状的介绍。该部分要求文字表述恰当、数据引用准确；要特别关注企业当前运作的重心，对重要事项要单独反映。企业在不同阶段、不同时期的工作重点有所不同，所需的财务分析重点也不同。如果企业正进行新产品的投产、市场开发，那么企业就需要对新产品的成本、回款、利润进行分析的财务分析报告。

分析部分对企业的经营情况进行分析研究。在说明问题的同时还要分析问题，寻找问题的原因和症结，以达到解决问题的目的。财务分析一定要有理有据，要细化各项指标，因为有些报表的数据是比较含糊和笼统的，要善于运用表格、图示，突出所要分析的内容。分析问题时一定要抓住当前的要点，多反映企业经营的焦点和易于忽视的问题。

做出财务说明和分析后，撰写者应该从财务的角度对企业的经营状况、财务状况、盈利状况给予公正、客观的评价和预测。财务评价不能使用不负责任的语言，要从正面和负面两个方面进行评价。评价既可以单独分段进行，也可以将评价内容穿插在说明部分和分析部分中。

（3）结尾部分是撰写者在评价、预测的基础上形成的意见和看法，特别是针对企业经营过程中存在的问题提出的改进建议。它可以根据具体情况对企业的生产、经营提出合理化的建议，可以对企业现行的财务管理制度提出建议，也可以总结前期工作中的成功经验。值得注意的是，财务分析报告中提出的建议不能太抽象，而应具体，最好有一套切实可行的实施方案。

3. 落款

落款位于财务分析报告结尾的右下角。凡是以企业或部门名义撰写的财务分析报告，落款都应署上企业或部门名称，并加盖公章；以个人名义撰写的财务分析报告，落款则应署上个人姓名。同时，另起一行书写成文日期。

此外，有的财务分析报告还有附件，即与财务分析报告有关的重要的报表或数据。

3.5.2　写作注意事项

财务分析报告重在分析，一份财务分析报告质量的高低，在某种程度上是由分析方法是否科学决定的，所以进行财务分析时要使用科学的分析方法。在撰写财务分析报告时，分析方法一般有比率分析法、比较分析法、趋势分析法、因素分析法、杜邦分析法、综合分析法等。

财务分析报告主要分析财务收支状况、各项经济指标完成的好坏。要分析就离不开数据，没有数据就没有分析。因此，在撰写财务分析报告时，应反复核实数据的准确性，如此，得出的结论才是客观的、科学的。

财务分析报告的价值主要在于能否分析得中肯、深刻、正确。财务分析报告常见的弊端是用数据代替分析，变成"文字数据化"，这可以说是财务分析报告的致命伤。

撰写财务分析报告，是为了了解企业的整个财务运转状况和经营管理情况，因此，在撰写财务分析报告时，一定要抓住主要矛盾，抓住关键问题，即找出取得成绩和存在问题的原因，并找到具体的解决办法。

撰写财务分析报告时，语言要流畅、简明、准确，内容要突出重点，且能够反映要点，分析透彻，有实有据，观点鲜明。

3.5.3　范文模板

××××超市××××年上半年财务分析报告

一、主要财务指标完成情况

（一）商品销售额增加。……

（二）费用水平下降。……

（三）全部流动资金周转加快。……

（四）利润额增加。……

二、采取的主要措施

（一）广开进货销货门路。……

（二）把财务指标与班组评比奖励挂钩。……

三、存在的问题

（一）有的班组商品资金占用不合理，以致全场商品资金周转速度减慢。……

（二）商品损耗率普遍较高。……

（三）费用开支存在浪费现象。……

（四）财产损失程度加大。……

四、改进意见

为进一步搞好经营管理，要完善各种必要的规章制度。当务之急是要尽快制定商品采购工作责任制，把好进货关。……加强管理，严格岗位责任制度，做到人人有专责、事事有人管，将管理工作落实到每个人身上，落实到每项工作中。……

××××超市
××××年××月××日

3.6 产销分析报告

产销分析报告,是研究并反映工业生产和商业销售之间的关系,分析市场需求和供应形势的一种应用文书。产销分析是对产品从投产到销售整个流通过程的分析,应根据生产计划、会计核算、统计资料提供的数据以及调查研究所掌握的情况,对生产企业或者商业企业的生产活动或购销活动进行实事求是的分析,以达到产销之间、供需之间的平衡,进而提高生产管理或经营管理水平,增加企业的经济效益。

由于产销情况分析明确了市场的畅销品种、平销品种和滞销品种,因此它就为企业生产计划的制订提供了市场依据,从而避免了不了解市场、盲目生产所带来的损失和浪费。可以说,产销分析报告为生产和销售搭起了一座桥梁;以产销分析为基础,有利于企业内部达到生产平衡。

产销分析报告要对市场上某种或某类产品的供需关系做出反应,分析其畅销或滞销的原因,并找出对策。所以,"分析"是产销分析报告的基本特点。

产销分析报告是针对市场产品供需形势的分析,能对生产企业、商业企业起到指导作用,使生产企业可以按照所分析的市场形势去生产急需的畅销产品,所以,产销分析报告具有明确的目的性和强烈的针对性。而且,产销分析报告的针对性越强,对生产企业、商业企业及其主管部门,特别是对市场监督管理部门的实际参考和指导价值就越大。

产销分析报告可以有多种不同的分类方式:按时间分,有总结性产销分析报告、现实性产销分析报告和预测性产销分析报告;按性质分,有综合性产销分析报告、专题性产销分析报告和单一性产销分析报告;按范围分,有国际市场产销分析报告、国内市场产销分析报告和地区市场产销分析报告;按行业分,有冶金、机械、轻工、化工、电子、建材等产品的产销分析报告;按环节分,有生产情况、购进情况、调运情况、储存情况、销售情况等的产销分析报告。

3.6.1 格式写法

产销分析报告一般由标题、正文、附件和落款四部分组成。

1. 标题

产销分析报告的标题一般有两种形式：

（1）公文式标题。公文式标题一般由单位名称、事由和文种三部分组成，事由又由分析时限和分析对象（如成本、利润、财务、库存等）组成，如"××××汽车集团××××年新能源汽车产销形势分析报告"。有时，此类形式的标题也可省去其中的一两项，省略了单位名称，如"××××年上半年新能源汽车产销情况分析"；省略了分析时限，如"××××集团产销情况分析报告"；省略了单位名称和分析时限，如"新能源汽车产销分析报告"。

（2）文章式标题。这类标题常用于专题分析报告，常常是一个观点鲜明的判断句，用以表明分析报告的建议或倾向性意见，如"新能源汽车为什么成为畅销产品"。此类标题还有另外一种形式，即由主、副标题组成，主标题突出要分析的问题或事项，副标题则注明分析时限或分析对象，如"需求增长平缓，市场交易清淡——近期物资市场形势分析"。

2. 正文

产销分析报告的正文一般由前言、主体、结尾三部分组成。

（1）前言又称导言、引言，是产销分析报告的开头部分，一般先提出分析的内容和范围，或阐明分析的目的、要求；或概述产销的市场形势；或针对问题用数字介绍基本情况，如产品生产数量、计划销售指标等方面的完成情况；或简述存在的问题。

（2）主体是产销分析报告的主要部分，必须根据产销分析报告的种类、目的、要求等适当安排分析的内容。一般来说，全面分析报告要对经济指标逐项进行分析，在综合分析的基础上，再抓住两个主要指标重点分析，有点有面，点面结合；简要分析报告要抓住主要问题，进行重点分析；专题分析报告要针对分析的专题对象进行分析。无论是哪种类型，都应着重分析产销各项指标是怎样完成的，或分析产销指标没有完成的主观原因和客观原因。

（3）结尾要根据分析中所发现的问题，有针对性地提出调整产品结构，提升产品产量，提高经济效益的意见、建议或措施。这部分内容要观点明确，意见中肯，建议和措施要切实可行。

3. 附件

有些很重要的具体资料，如统计数据、图表等，由于其篇幅较长，不宜放在正文里，可以作为附件，附于文后。

4. 落款

即在产销分析报告正文的右下方签署报告单位名称或人员姓名，并注明成文日期。

3.6.2　写作注意事项

产销分析应以市场的客观事实为依据，通过具体的情况、数字，分析某种或某类产品的畅销或滞销原因，并指出如何解决这些问题。

撰写产销分析报告时，一定要以市场为导向，有明确的针对性，即到底要解决什么问题：是解决产品适销对路的问题，还是解决新产品开发、市场占有率扩大的问题；是解决商品购销渠道的问题，还是解决商品实际使用价值转移的问题。

产销分析报告以记叙、说明为主要表达方式，语言以平实为基础，要求简洁、明确、贴切，如实反映产品生产、销售的基本情况和产销走势，尽量不要有不必要的描写和主观感情的抒发。

3.6.3　范文模板

××××年全国花卉产销形势分析报告

近几年，我国花卉产业在改革创新和调整升级进程中迎难而上、行稳致远，产业转型升级取得显著成效。花卉消费市场日趋成熟，花卉正在进入千家万户，花卉生产结构不断优化，产品质量明显提高，花卉交易方式多样快捷，为产业发展注入了新的活力。

一、××××年全国花卉产销情况回顾

从总体来看，××××年我国鲜切花消费市场不断升级，已进入品质消费时代，但由于市场价格节节攀高，市场运行规律被打破，风险开始显现，但总体仍保持在正常轨道上。盆栽植物生产规模保持增长势头，小型化、精致化、平价化、高品质成为趋势，产业向着多品种、高品质方向迈进。在绿化观赏苗木产品中，大规格、高品质、标准化产品以及新优品种、乡土树种需求量大，结构性短缺比产能过剩更为突出。花卉零售业快速发展，除线下、线上花店销售外，还出现了社群营销新模式，社群团购流行，一些区域电商平台的花卉团购销量超过了传统门店的销量。尽管全国各地花卉市场频繁拆迁，但花卉市场整体销售平稳增长，市场销售继续从大城市向中小城市扩展，甚至拓展到经济发达地区的乡镇。

（一）盆栽植物

盆栽植物产量明显增加，价格有所下降，小盆花市场占有率继续扩大。

…………

（二）鲜切花

…………

（三）花店零售业

…………

（四）花卉市场

…………

二、××××年全国花卉产销形势分析

…………

三、发展趋势、存在的问题及对策建议

（一）发展趋势

…………

（二）存在的问题

…………

（三）对策建议

…………

中国花卉协会
××××年××月××日

3.7 经济活动分析报告

开展经济活动分析是经济管理部门和企业的一项经常性工作。经济活动分析，是以国家的经济方针政策和正确的经济理论为指导，以现实和历史的计划、统计资料以及有关原始记录和调查材料为依据，对某一地区、某一行业、某一单位、某一部门的所有经济活动或某一项经济活动的情况进行客观分析的一种行为。

经济活动分析报告是对经济活动过程和成果进行分析的书面总结，是经济管理部门经常使用的一种应用文书。它是经济管理部门和企业对本部门和本单位一定时期内的经营、生产活动的状况、过程和结果，进行深入调查研究和系统分析评价而写成的书面报告。

经济活动分析是研究、评价经济活动状况，认识经济活动规律的一种重要手段，是经济管理部门加强管理，企业提高经营水平的一种有效方法。它在企业经营管理中具有以下几个重要作用：

（1）帮助人们认识经济规律。这是经济活动分析的首要功能。无论是为了全面提高某个企业的经营水平，还是为了提高某项经济活动的效益，抑或是为了解决某个经济问题，往往都要先进行经济活动分析。经济活动分析，就是要把实践中的感性认识上升到理性认识，探索其发展规律，以指导人们的实践。所以，经济活动分析是帮助人们认识经济规律的重要手段。

（2）为制定经济政策和计划提供依据。在经济活动分析报告中，除了要对当前的经济活动进行分析，一般还应就今后的经济活动提出建议。建议是建立在科学分析的基础之上的，所以往往是建设性的、实际可行的，容易为领导和决策者所接受的。因此，企业管理部门和主管机关可根据分析报告提供的材料及时制定相应的政策，以保证经济活动的正常进行。

（3）为决策部门提供反馈信息。一个地区、一个单位或一个部门，实施某项经济决策之后效果如何，需要通过经济活动分析做出评价，进行反馈。而反馈的目的则是使决策者或管理者了解决策实施的真实情况，以便及时进行调整或改进。

根据不同的分类标准，可以将经济活动分析报告分为不同的类别。按报告内容所涉及的范围划分，可分为宏观经济活动分析报告和微观经济活动分析报告；按报告撰写的时间划分，可分为定期经济活动分析报告和不定期经济活动分析报告；按报告内容所涉及的对象划分，可分为生产、销售、成本、财务等方面的经济活动分析报告；按报告内容的广度和特点划分，可分为综合经济活动分析报告和专题经济活动分析报告。

3.7.1 格式写法

撰写经济活动分析报告时，一般采用总结性报告的写法。从总体来看，它通常包括标题、正文和落款三个部分。

1. 标题

经济活动分析报告的标题主要有两种形式：

（1）公文式标题。这类标题一般由单位名称、分析时限、分析对象和文种组成，如"××××厂××××年经济效益分析报告"。这类标题还可以有所变化，如省略分析时限或者省略"报告"二字，也有的标题不写"分析"或"分析报告"，而写"意见""建议""看法""说明"等。

（2）文章式标题。这类标题简要概括报告的主要内容，而省略了单位名称、分析时限和文种等几项内容，有利于突出主题，如"××××牌天然椰子汁凭什么迅速占领市场""××××厂是怎样转变经营机制的"。

2. 正文

经济活动分析报告的正文没有固定的格式，比较常见的写法一般由引言、情况、分析、建议四部分组成。

（1）引言。这部分的写法比较多样，有的以简练的语言介绍经济活动的背景，有的说明分析对象的基本情况，有的交代分析的原因和目的，有的明确分析的范围和时间，有的提出问题，有的分析结论。有些经济活动分析报告也可以省略引言部分，一开始便直截了当地表述中心内容。

（2）情况。这部分详细写经济活动的情况，包括主要经济指标完成情况、技术或管理措施实施情况、业务工作开展情况等。写情况是为了总结经验，揭露问题，为下文的分析做好铺垫。为了把情况写得具体明确，这里通常要使用一些数字或数据。

（3）分析。经济活动分析报告要以"分析"为主，而不能只堆砌材料，罗列事实。缺少有理有据、深入细致的分析，经济活动分析报告的写作就不能算是成功的。只有分析得当，才能对经济活动做出正确的评价，才能对其成败的原因有所认识，也才有可能把握经济活动的本质和规律。

有的经济活动分析报告是把"情况"和"分析"放在一起写的，即写完一个方面的情况，接着便进行分析，然后再写另一个方面的情况，再对之进行分析。边写情况，边进行分析，边提出问题，边做出回答。

（4）建议。在这个部分中，撰写者一般会根据分析的结果，回答今后经济活动将会"怎么样"或者"怎么办"的问题。在不同的经济活动分析报告中，这部分的侧重点常常是有所不同的。如果报告以说明成绩、总结经验为主，这里则应着重写明如何推广经验，以及进一步提高经济效益的途径；如果报告以揭露问题、总结教训为主，这里则应着重写明如何解决问题，以及改进工作方法的措施。

有的经济活动分析报告还有一个结尾，是对全文的一个简略的总结。

3. 落款

落款处应注明撰写经济活动分析报告的单位名称或作者姓名，以及成文日期。

3.7.2　写作注意事项

撰写经济活动分析报告时，事实要确凿，数据要准确。如果事例经不起推敲，数据模糊，是不可能写出有价值的分析报告的。

经济活动分析报告的重点在于分析。撰写者在分析问题时要坚持实事求是的原则，自觉运用辩证法，避免片面性，同时撰写者的观点一定要鲜明，在报告中应表明赞成什么，反对什么，提倡什么，以及今后如何做等。

撰写经济活动分析报告时要恰当、合理地运用分析方法。常见的分析方法有因素分析法和动态分析法。因素分析法是通过分析影响经济活动的各种因素，并测定它们对经济活动的影响程度，从而认识经济活动的特点，探明经济活动取得成果或出现问题的原因的分析方法。在经济活动分析中只有认清各种因素及其之间的差异，才能找到解决问题、提高经济活动质量的有效途径。动态分析法是以发展的眼光对经济活动的变化情况及其趋势进行研究，就今后的经济活动提出各种设想的措施的分析方法。动态分析法其实就是预测分析法。

3.7.3 范文模板

××市经济委员会关于××××年全市工业企业生产情况分析报告

××××年，我市工业生产克服了能源、原材料、交通、资金紧张等困难，取得了产值大幅度增长，经济效益稳步提高的好成绩。……

但进入××××年以来，全市工业生产的发展速度较慢，经济效益很不理想……

对于企业生产出现的这种情况，我们进行了全面分析，除企业内部经济管理方面的问题外，外界因素的影响超过了企业的消化能力，也是一个主要原因。这些因素有：

一、原材料价格上涨造成企业产品成本增加，效益减少。
…………

二、原材料及电力缺口较大，造成企业生产力不足，影响了效益。
…………

三、各种政策性变化使企业利润相应减少。
…………

四、技改项目不能按期发挥效益，致使新增利润不多。
…………

今后，在实际工作中，建议重点抓好5个方面的工作：

一、继续抓好以企业改革为中心的综合配套改革。
…………

二、开源节流，强化电力管理。
…………

三、调整产品结构，增加有效供给。
…………

四、深入开展"双增双节"运动，千方百计提高经济效益。
…………

五、进一步加强调度。
…………

××市经济委员会
××××年××月××日

3.8　企业管理咨询报告

企业管理咨询是针对企业过去与现在的情况，运用一定的科学方法进行调查分析，然后做出切实评价，提供具体有效的改善方案并指导其实施，帮助指导企业实施改进方案，使企业的运行机制得到改善，提高企业的管理水平和经济效益。企业管理咨询报告，就是企业的咨询人员根据企业的意向和要求，对企业存在的问题进行咨询后所撰写的书面文字。

3.8.1　格式写法

企业管理咨询报告一般由标题、正文、附件、落款四部分组成。

1. 标题

企业管理咨询报告的标题一般由单位名称、咨询的内容和文种组成，如"××××厂生产管理咨询报告""××××厂市场营销诊断报告"；有的管理咨询报告则省略了单位名称，只保留咨询的内容和文种，如"质量管理咨询报告"。

2. 正文

正文一般由现状概述、存在的问题及其产生的原因、改善方案、方案实施效果四部分组成。

（1）现状概述。一般写咨询企业的现状，如企业性质，规模，职工人数，生产经营的产品名称、产量、产值、利润及实行的有关制度等。有的报告在这一部分还写明查实的主要问题。如果是外部人员进行咨询的，还应在报告的首段写明咨询的目的和咨询工作的简要情况。

（2）存在的问题及其产生的原因。一般先写存在的问题，然后分析原因，二者的详略程度依写作目的、写作角度而定。一般来说，问题查明后，还要把产生问题的原因找出来，原因包括企业外部的和企业内部的。企业外部的原因包括社会方面的原因和主管部门的原因。企业内部原因包括人员素质方面的原因、技术方面的原因、经营管理方面的原因、政治思想工作方面的原因等。外部原因和内部原因都有可控因素和不可控因素。在分析时，要找出可控因素和不可控因素相互转化的可能性，以促使不可控因素向可控因素转化。在分析中还要揭示问题内部的各种关系,以便把主要精力用于研究必然关系、本质关系上,保证分析所得出的结论的正确性。

(3)改善方案,即改善措施或改善办法。这是报告的主体,也是最有价值的部分。这部分主要写两个方面的内容:一是针对问题和原因而提出的方案;二是采用此方案后将产生的经济效益及相应的预测数据。要特别注意,应以提高企业整体经济效益为目标,对各个具体问题的改善方案进行统筹分析,既要考虑眼前利益,又要考虑长远利益,既要考虑主观因素,又要考虑客观因素,以保证能制定出效果最佳的改善方案。

(4)方案实施效果。改善方案提出后,在咨询人员、企业领导、管理干部和职工的共同努力下,经过实施往往会收到好的效果。在咨询报告中应实事求是地写出方案实施后的效果。

3. 附件

根据报告的需要,可以把相关材料、统计数据、咨询专家名单等,作为附件放在正文后面。

4. 落款

落款处应注明单位名称和成文日期,单位应加盖公章。

3.8.2 写作注意事项

撰写企业管理咨询报告时,撰写者要对所咨询内容的现状进行深入调查,认真分析、研究咨询内容各方面的资料。

撰写企业管理咨询报告时,撰写者对专业知识和经验的引用要适当、适度,不能反客为主,使咨询报告变成研究性的经济论文。

撰写企业管理咨询报告时,既要避免为了卖弄学问而故弄玄虚,又要防止理论和实际的脱节。

3.8.3 范文模板

××××公司关于推进经济责任制的咨询报告

一、现状

××××年开始，主管部门对××××公司实行了以税代利的分配办法，并以××××年的利润为基数。分配比例是：利润在基数以内，缴纳所得税××%、调节税××%，企业留成××%，超过基数的增长利润，除缴纳所得税外，企业再留调节税××%的××%（其中30%上交公司）。企业留成部分的分配比例为：生产发展基金××%，后备基金××%，职工福利基金××%，职工奖励基金××%。

××××公司按照经济责任制原则在企业内部实行了指标分解、计分计岗的办法，对每个职工都根据所负责任的大小和劳动强度等因素确定了岗位系数，初步改变了平均主义的做法。实行这种奖励办法之后，对提高职工的劳动生产积极性，提高企业的经济效益起到了一定的促进作用，使企业的各项技术经济指标有了明显的提高。

二、存在的问题

××××公司虽经整顿已验收合格，但是与经济体制改革的要求和推行现代化管理的需要相比，在经济责任制方面还存在较大的差距。具体表现为：大多数职工对正在推行的体现经济责任制原则的奖励办法有意见，认为现行的经济责任制存在责任与利益不能紧密结合的问题。该公司目前的经济责任制对部门、个人的考核指标比较明确，但在奖金计算方面显得不够明确。具体表现在以下几个方面：

一是……

二是……

三是……

产生上述问题的根本原因，首先是企业领导及有关人员对经济责任制的责、权、利认识不足；其次是干部素质比较差，缺乏对经济责任制的学习和研究；再次是企业缺乏应有的自主权。

三、改善方案

为了使该企业的内部经济责任制得以推行和得到正确的贯彻落实，咨询人员首先建议该企业的主管部门（局和公司）给企业以下权限：生产经营计划权、产品销售权、产品价格权、物资选购权、资金使用权（财权）、资产处理权、组织机构设置权、人事劳动管理权、工资奖金分配权与联合经营权。

以上10个权限的范围还应以利改税的第二步改革为依据，由局、公司征求工厂意见后，拟定具体方案下达工厂执行。

其次，咨询人员从经济体制改革的要求出发，认为要使该企业的内部经济责任制得到完善和加强，就应该推行……

…………

由于工业企业中的承包经济责任制还处于探索阶段，且涉及面比较广，为了使这一经济责任制的新形式能得到有效的推行，咨询人员建议在总结原料车间试点经验的基础上，逐步在全厂各部门推广应用。

3.9　商业计划书

商业计划书，是企业或单位为了达到招商融资或其他发展目标，在经过前期对项目科学地调研、分析、收集与整理有关资料的基础上，根据一定的格式和内容的具体要求而编辑整理的一个向投资者全面展示企业和项目目前状况、未来发展潜力的书面材料。商业计划书详尽地介绍了一个企业的产品服务、生产工艺、市场和客户、营销策略、人力资源、组织结构、对基础设施和供给的需求、融资需求，以及资源和资金的利用。

对于刚刚创立新企业的企业家来说，商业计划书是一座沟通理想与现实的桥梁：确定企业机遇的性质和内容；说明企业家计划利用这一机遇进行发展所要采取的方法；确定最有可能决定企业是否成功的因素；确定筹集资金的工具和途径。

一份成熟的商业计划书不但能描述企业的成长历史，展现其未来的成长方向和愿景，而且能量化潜在的赢利能力。

3.9.1　格式写法

虽然企业的商业计划书没有固定的模式，但其编写格式还是相对标准化的。一份完整的商业计划书一般由标题、摘要、正文、附录四部分组成。

1. 标题

商业计划书的标题应放在封面页。同时，在标题后面应附上联系方式和保密说明。

2. 摘要

摘要部分浓缩了商业计划书的精华，反映了商业计划书的全貌，是商业计划书的核心所在。这是一个非常重要的纲领性前言，主要概括介绍企业的来源、性质、目标和策略，产品或服务的特点，市场潜力和竞争优势，管理队伍的业绩和其他资源，企业预期的财务状况及融资需求等信息。

这部分应重点说明企业或项目的不同之处，以及企业获取成功的市场因素。摘要应尽量简明、生动。

3. 正文

正文部分主要介绍以下几个方面的内容：

（1）企业概述。介绍企业的历史、起源及组织形式，并重点说明企业未来的主要目标，企业所提供的产品或服务的知识产权及可行性，这些产品或服务所覆盖的市场以及当前的销售额，企业当前的资金投入和准备进军的市场领域及管理团队与资源；企业与众不同的竞争优势或者独特性。

（2）管理团队。在一个企业中，"人"是非常重要的因素。在某种意义上讲，一个企业能否成功，最终取决于该企业是否拥有一个强有力的管理团队。撰写者可以先描述一下整个管理队伍及其职责，然而分别介绍每个管理者的特殊才能、特点和成就，细致描述每个管理者将对公司所做的贡献。商业计划书中还应明确管理目标以及组织机构。这部分要着重展示企业管理团队的战斗力和独特性，以及与众不同的凝聚力和团结精神。

（3）产品或服务。列举企业当前所提供的产品或服务类型，以及将来的产品或服务计划；陈述产品或服务的独到之处，包括成本、质量、功能、可靠性和价格等；指出产品所处的生命周期或开发进展情况；如果本企业的产品或服务有独特的竞争优势，应指出其保护性措施和策略。

（4）市场分析。描述企业所在行业的市场状况，指出市场的规模、预期增长速度和其他重要环节，包括市场趋势、目标顾客特征、市场研究或统计、市场对产品或服务的接受模式和接受程度。

（5）生产经营计划。产品的生产制造及经营过程，主要包括以下几个方面的内容：新产品的生产经营计划；企业现有的生产技术能力；品质控制和质量改进能力；现有的生产设备或者将要购置的生产设备；现有的生产工艺流程；生产产品的经济分析及生产过程。

这一部分内容要尽量详细，因为它是以后投资谈判中对投资项目进行估值的重要依据。

（6）财务分析。当前企业的实际财务状况，包括现金流量表、资产负债表、损益表以及年度财务总结报告；投资计划，包括预计的风险投资额，企业未来筹资资本结构的安排，获取风险投资的抵押、担保条件，投资收益和再投资的安排，风险投资者投资后双方股权的比例安排，投资资金的收支安排及财务报告的编制，投资者介入公司经营管理的程度；融资需求计划，包括所需的资金额、资金需求的时间性、资金用途；融资方案。

这部分内容是商业计划书的关键部分，在制定过程中撰写者最好能寻求会计师和其他专业人士的帮助。

（7）风险因素。详细说明项目实施过程中可能遇到的风险，提出有效的风险控制和防范措施。风险因素包括技术风险、市场风险、管理风险、财务风险及其他不可预见的风险。

4. 附录

这部分应附上关键人员的履历、职位，组织机构图，预期市场信息，财务报表及商业计划中陈述的其他数据资源等。这部分内容一般放在正文之后。

3.9.2 写作注意事项

商业计划书反映了经营者对项目的认识及取得成功的把握，所以撰写时应突出经营者的核心竞争力，着重阐述经营者如何创造自己的竞争优势，如何在市场中脱颖而出，如何争取较大的市场份额等。

在商业计划书中，应提供所有与企业的产品或服务有关的细节，包括企业所进行的所有调查。

商业计划书的用语应尽量简单明确。

商业计划书的写作目的是突出企业的投资价值，而这个目的需要贯彻到商业计划书的每个部分，整个计划书也需要围绕这个目的展开。企业的投资价值，简单而言就是企业的成长空间、成长能力及成长效率。资本市场最关注的就是企业投资价值的增长空间、效率、速度、能力及风险。所以在撰写商业计划书时，一定要突出企业的生存和发展能力——在市场、产品、竞争、管理、销售、财务等方面的掌控能力和增长能力。

3.9.3 范文模板

商业计划书

项目名称：××××

项目单位：××××

地　址：××××

电　话：××××

传　真：××××

电子邮件：××××

联系人及职务：××××

日　期：××××年××月××日

保密说明：

本商业计划书内容涉及本公司商业秘密，仅对有投资意向的投资者公开。本公司要求投资公司项目经理收到本商业计划书时做出以下承诺：

妥善保管本商业计划书，未经本公司同意，不得向第三方公开本商业计划书中所涉及的本公司的商业秘密。

目录（另起一页）

…………

第一章　项目摘要

…………

第二章　项目公司介绍

一、基本简介

…………

二、主要股东

....

三、组织结构与管理

....

四、企业发展战略与运营

....

第三章　项目背景及建设

一、项目简介

....

二、项目背景

....

三、项目建设内容及规模

....

四、项目进度

....

五、项目政府支持

....

第四章　项目行业市场分析

一、项目全国市场分析

....

二、项目市域行业市场分析

....

三、项目区域行业市场分析

....

第五章　项目市场定位及分析

一、项目市场定位

....

二、项目市场分析

....

第六章　项目营销策略

一、项目营销模式

....

二、项目销售渠道
....

三、项目公关活动
....

四、项目网络营销
....

五、项目营销人员管理
....

第七章　项目竞争和风险分析

一、项目竞争对手分析
....

二、项目风险与对策
....

第八章　项目投资估算与财务分析

一、项目投资测算的条件设定
....

二、项目投资评估与财务分析
....

三、项目财务分析附表
....

第九章　结论
....

附录
....

3.10　统计分析报告

统计分析报告是统计分析结果的重要表述形式。它是在统计分析工作的基础上，将分析研究过程中运用的材料，形成的观点、结论，采取的分析方法等用文字报告的形式表述出来，使统计分析结果文字化、条理化，对有关方面具有参考价值和使用价值。

统计分析报告的类型主要有下列几种：统计公报、进度统计分析报告、综合统计分析报告、专题统计分析报告、典型调查报告。

3.10.1 格式写法

统计分析报告的写法比较灵活，形式不拘一格，但要注意结构的完整性。

统计分析报告一般由标题和正文两部分组成。

1. 标题

统计分析报告的标题一般有两种形式：一是单标题形式，标题内容或揭示主题，或表明作者观点，或提问，或概括报告的范围、内容、时间、地点，如"社会发展统计分析报告""关于××××财政收入偏低的分析"；二是双标题形式，即主、副标题相结合，如"抢占制高点——对××××高新技术发展情况的分析"。

2. 正文

（1）导语，即统计分析报告的开头部分。常见的写法有四种：一、开门见山，揭示主题；二、总括全文；三、说明写作目的或动机；四、突出矛盾，制造悬念。

（2）主体。这是统计分析报告的重点部分。主体应围绕所要分析的中心问题展开，注意既要用数据说明情况，又要在此基础上展开分析；既要肯定已取得的成绩以总结经验，又要找出存在的问题，并分析产生问题的原因，同时找到解决问题的方法。

（3）结尾。这部分内容一般是在正文的基础上提出解决问题的建议和意见，制定相应的对策，供阅文者参考。

3.10.2 写作注意事项

撰写统计分析报告时必须做到有数据、有情况、有分析、有建议。

统计分析报告的用语必须准确、清楚，尤其是具体数据；同时要简洁、朴实，因为统计分析报告是一种文字和数字相结合的特殊文体，与一般文艺作品、议论文、记叙文、说明文不同，甚至与一般的应用文也不尽相同。

3.10.3 范文模板

关于××××年上半年××市物价统计分析报告

市政府：

　　为贯彻落实党中央提出的"××××"指示精神，我们城市社会经济调查队就我市上半年物价形势、下半年价格指数的预测以及应采取的措施进行了统计分析，现将情况报告如下：

　　今年以来，我市社会零售物价上涨幅度逐月下降，肉蛋菜零售价格的上涨幅度均低于去年第四季度，猪肉价格、部分蔬菜价格还有所下跌，日用工业消费品价格涨势趋缓，这对稳定人心、稳定大局起了重要作用。

　　一、对上半年市场物价的回顾

　　…………

　　二、对下半年市场物价的预测

　　…………

　　三、对策

　　1. ……

　　2. ……

　　3. ……

　　4. ……

　　5. ……

××市城市社会经济调查队
××××年××月××日

3.11 营销策划方案

　　营销策划是为企业的生产或销售所进行的整体性和未来性的策略规划。它包括从构想、分析、归纳、判断到拟定策略、实施方案、评估效果的全过程。其目的是完成预定的营销目标或解决一个营销难题。把营销策划的过程和结果用文字完整地书写出来就是营销策划方案。

3.11.1 格式写法

营销策划方案一般由标题和正文两部分组成。

1. 标题

营销策划方案的标题通常由策划内容和文种组成,如"××××营销策划方案"。

2. 正文

正文是营销策划方案的重点部分,主要包括策划说明、市场状况分析、策划方案等内容。

(1) 策划说明。它通常包括策划的缘由、背景资料、问题点与机会点、策划创意等。

(2) 市场状况分析。市场状况分析一般包括两个方面,即宏观环境分析和微观环境分析。

宏观环境分析的具体内容如下:

①政治、法律环境。政治环境主要包括政治制度与体制、政局、政府的态度等;法律环境主要包括政府制定的法律、法规。

②经济环境。构成经济环境的关键战略要素有国内生产总值(GDP)、利率、财政货币政策、通货膨胀、失业率、居民可支配收入水平、汇率、能源供给成本、市场机制、市场需求等。

③社会文化环境。其中,影响最大的是人口环境和文化背景。人口环境主要包括人口规模、年龄结构、人口分布、种族结构及收入分布等。

④技术环境。技术环境不仅包括发明,还包括与企业市场有关的新技术、新工艺、新材料的出现和发展趋势及其应用背景。

微观环境分析的具体内容如下:

①企业自身分析,即对企业及其产品所面临的机会、风险等的分析。

②供应者分析,即对供应商竞争力量、供应商行业的市场状况及其所提供物品的重要性等的分析。

③营销中介分析,即对各营业渠道的销售量与销售值的比较分析。

④竞争对手分析,即对潜在的行业新进入者和替代品在内的各种竞争品牌的市场占有量的比较分析、对促销活动的比较分析、对公关活动的比较分析。

⑤顾客分析，即对消费者的年龄、性别、籍贯、职业、学历、收入、家庭结构等的分析。

以上内容可作为营销策划方案撰写的依据，有选择地写入市场状况分析部分中。

（3）策划方案。它是公司未来的经营方针，一般包括产品开发、销售目标、定价策略、销售渠道、推广计划、促销计划、效果测评等。在推广计划或促销计划中又包括广告策略、公关策略、促销活动策略、直接营销策略、人员促销策略、媒介策略等，以上内容应根据营销策划方案所要实现的目标或要解决的问题酌情写入。

此外，有的营销策划方案还会将经营预算和效果测定计划写入其中。

3.11.2　写作注意事项

撰写营销策划方案时，内容必须是真实的，否则就会失去信任的基础，甚至有可能涉及商业欺骗。

撰写的营销策划方案一定要有可操作性，要能够使方案容易落地，而不是纸上谈兵。

3.11.3　范文模板

××××特供酒××××年上市营销策划方案

××××啤酒荣获××××特供酒称号，是××××啤酒集团过硬的产品质量的真正体现，是××××集团实施名牌战略的一个里程碑，它是对××××啤酒品质最有说服力的肯定，它提升了品牌形象，为进一步提高××××啤酒的品牌知名度和忠诚度起到极大的推动作用。本方案旨在通过一系列的策划形成全方面、高密度、立体式、持久性的宣传效应，使××××特供酒的广告效能最大限度地发挥，促进××××特供酒的上市销售。

一、产品形象策划。公司选用更加优质的原料和先进的工艺技术，由××××特供酒专用线生产，这为××××特供酒保持良好的品质提供了保障，树立了良好的品牌形象。现在要重点对产品的外在形象即产品的外包装形象进行策划，××××特供酒的外在形象应体现出庄重、高贵、大方的特色，给人一种全新的、强烈的视觉冲击。××××啤酒全部使用640ml、355ml、500ml、450ml等多种规格的新B瓶，在酒标和包装箱设计上应色彩明快、简洁又不失庄重与高贵，重点要突出"××××特供酒"字样的醒目程度。在背标上建议对特供酒进行详细的文字介绍，提高消费者对其认知的程度。

二、媒体广告策划。在信息时代，消费者获取信息的渠道越来越多，但电视与报纸等媒体仍是当前消费者获取信息的主要途径，充分发挥电视与报纸等媒体的广告效应仍是促进销售的有力武器。作为从区域品牌向全国性品牌转型，从区域市场向全国市场转型的××××啤酒来说，广告的传播应立足于××省，辐射全国。

（一）报纸媒体策划

……

（二）电视媒体策划

……

（三）POP广告策划

……

三、公关活动策划。策划几个主题鲜明、意义深远的公关活动，借此对××××特供酒进行全面宣传，塑造和提升品牌形象。

……

四、促销策划。为增强××××特供酒信息宣传的持久性，提高吸引力，必须加强促销活动的策划。

……

第4章 契约类文书

契约类文书，即用于确定经济活动当事人双方的关系，以及彼此的权利与义务的应用文书，如意向书、协议、经济合同等。

4.1 意向书

意向书，是指对某个合作项目或某笔交易感兴趣的双方或多方经过初步接触和洽谈后，表示愿意进一步合作并谈判所签署的带有原则性、意愿性的经济文书。在经济活动中，意向书不是正式协议，更不是合同，它表示了双方或多方合作的诚意和意愿，同时也对双方或多方的合作起着积极的促进作用。

意向书具有如下几个特点：

（1）导向性。意向书是一种导向性文书，是合作各方对合作事项的一种意愿，无须对合作所涉及的系列问题做详细、具体的论述；合作目标只求总体轮廓清楚，不求描述具体；合作意向只求大体方向一致，不求进程具体和步骤明确。

（2）原则性。由于合作各方只是初步接触，对其合作项目的具体细节尚未来得及进行周密的思考和详尽的了解，所以意向书只是对合作的主要事项表示各方基本一致的、比较原则的初步想法，缺乏具体的、实质性的内容。

（3）不具备法律效力。意向书仅仅只是表示合作各方共同希望或拟将进行的某一行为，尤其在涉外经济贸易中，意向书的内容没有明确的要约和承诺，只能视为要约的邀请。因此，尽管合作各方在该文件上签了字，也仍不受法律的约束。值得注意的是，目前有一些国家认为，意向书对当事人各方具有约束力。在与这类国家签订意向书时，中文译文应有明确的说明，避免产生误解。

（4）灵活性。意向书不像协议、合同那样，一经签约就不能随意更改，意向书的行文比较灵活。在协商过程中，当事人各方均可按各自的意图和目的提出各自的意见，在正式签订协议、合同前亦可随时变更或补充。

意向书对合作的各方具有一定的作用。首先，意向书具有邀约性，有助于合作各方进一步接触和谈判。这种邀约性可使任何一方主动邀请或被邀请到对方那里进行了解和考察，以便进行更密切和深入的谈判。其次，意向书具有道义上的约束力。一般来说，在今后的谈判中，任何一方的立场不应与意向书中所明示的立场相去太远，同时，在对方拒绝之前，订立了意向书的任何一方不得就同一个项目与其他方进行谈判。再者，意向书是项目合作的最初蓝本，无论从内容上还是形式上，意向书与项目建议书、可行性研究报告和合同等，都有着息息相关的联系。

4.1.1 格式写法

意向书一般由标题、正文和落款三部分组成。

1. 标题

意向书的标题通常有三种写法：一是完整式标题，由合作单位名称、合作项目名称和文种组成，如"××××科技公司、××××集团公司关于共同开发××××的意向书"；此类标题也可以省略合作单位名称，如"关于共同开发××××的意向书"。二是简明式标题，由合作内容、合作方式或合作项目名称和文种组成，如"加盟××××连锁店意向书""合资经营××××厂意向书"等。三是省略式标题，即直接使用文种作为标题，如"意向书"。

2. 正文

意向书的正文一般包括引言、主体和结尾三个部分。

（1）引言，即正文的开头部分。这部分一般写明合作各方当事人单位的全称，各方在何时、何地进行接触、洽谈。为了行文简洁，往往将意向书各方分别用括号注明"简称甲方""简称乙方""简称丙方"等。之后用惯用语"现将有关意向归纳如下"或"……达成合作意向如下"等引出正文的主体部分。

（2）主体。主体是意向书的中心内容，主要将各方商谈、认可的事项和意愿以分条的方式表述出来。由于意向书只是一种意愿的表达，因此，主体部分的内容没有严格的格式要求，一般是将共同关注或认可的条文放在前面。

一般来说，意向书主体部分的内容主要包括：①合作项目的范围，包括生产经营的主要产品类别，交易货物的主要品种、规格等。②投资总额及各方出资额。如与外商合作，投资额的货币单位应统一；可用各方任何一方国家的货币单位，也可用各方认可的第三国货币单位；写明各方出资额和各方所占投资总额的比例。③合作企业的名称与地址。名称与地址均应写全称；选定地址的，应写明详细地址；尚未选定的，应注明大致区域。④产品的销售方式。⑤设备、原材料的来源等。⑥合作的期限。⑦进一步洽谈的打算。

（3）结尾。结尾部分一般采用惯用语"未尽事宜，在签订正式合同或协议时再予以补充"。

3. 落款

即在正文下方署上合作各方单位的名称、各方代表的职务、姓名，并加盖公章；注明签署日期。

4.1.2 写作注意事项

撰写意向书时，要忠诚于洽谈内容，充分表达合作各方的意愿。

撰写意向书时，语言要准确，表达要清晰，思维要严密，以防出现漏洞。

4.1.3 范文模板

关于合资成立××××医疗机械有限公司的意向书

××××年××月××日至××月××日，××市××××医疗仪器厂（以下简称甲方）厂长×××先生、副厂长×××先生与××国××××有限责任公司（以下简称乙方）总裁×××先生，进行了多次洽谈，达成合作意向如下：

一、合营公司的正式名称为××××医疗机械有限公司，主要生产泌尿外科、耳鼻喉科、妇科、胸外科等各种医用硬管内窥镜。

二、××××医疗机械有限公司的投资总额为××××万元人民币。双方的投资比例初步定为：甲方投资××××万元人民币，占投资总额××%；乙方投资××××万元人民币（以当天外汇牌价折合为人民币），占投资总额××%。利润按投资比例分成。

三、主要设备由乙方按照双方商定的品牌、型号、价格由乙方在国外联系购买。

四、乙方提供生产、检验技术，并负责产品在欧洲市场的销售。

五、××××医疗机械有限公司设在甲方原厂所在地。厂房的改建、扩建工程由甲方负责。

六、合营期限暂定为××年。

七、甲方应在××××年××月××日前制定项目建议书，并负责在××××年××月××日前上报有关部门立项，争取在××××年××月前正式投产。

甲方：××市××××医疗仪器厂　　乙方：××国××××责任有限公司
　　　厂长：×××　　　　　　　　　　总裁：×××
　　　××××年××月××日　　　　　××××年××月××日

4.2　协　议

协议是一种契约性文书，是当事人双方（或多方）或为了解决纠纷、预防产生矛盾，或为了确立某种法律关系，实现一定的共同利益、愿望，经过协商而达成一致意见后，签署的具有法律效力的应用文书。

作为一种能够明确彼此权利与义务、具有约束力的凭证性文书，协议对当事人双方（或多方）都有约束力，它能监督双方（或多方）信守诺言、约束轻率反悔行为，它的作用与合同基本相同。

4.2.1　格式写法

协议一般由标题、签约单位、正文和尾部四部分组成。

1. 标题

协议的标题有两种写法：一是省略式标题，即只有文种，如"协议"；二是完整式标题，即由签约单位名称、事由和文种组成，如"××市××××电器厂与××市百货公司关于经营××××的协议"。

2. 签约单位

即在标题下写明签订协议的双方（或多方）单位名称和代表人的姓名。为了行文方便，习惯上规定一方为甲方，另一方为乙方，如有第三方，可简称为丙方。在协议中不能用我方、你方、他方作为代称。

3. 正文

协议的正文包括引言和主体两个部分。

（1）引言部分要写明双方签订协议的依据、原则，然后用惯用语"双方经××××协商，达成协议如下"，或"就××××事宜协商一致，特订立本协议"。

（2）主体部分是协议正文的核心，即协议的主要条款，一般分条列项具体说明。

4. 尾部

尾部包括三个方面：一是署名；二是签订协议的日期；三是附件。

4.2.2 写作注意事项

撰写协议时，内容必须遵守国家法律、法规，符合国家政策要求，任何单位和个人都不能以协议为名进行违法活动。

写完协议后要进行细致的检查，核查协议的内容是否表述清楚，是否产生歧义，逻辑思维是否周密，避免语意不清。

4.2.3 范文模板

农村土地转让协议

转让方（以下简称甲方）：××××

受让方（以下简称乙方）：××××

甲乙双方依据《中华人民共和国农村土地承包法》等有关法律、法规和国家有关政策的规定，本着平等、自愿、有偿的原则，就土地承包经营权转让事宜协商一致，订立本协议。

一、转让目的

甲方将其承包经营的××乡（镇）××村××组××××亩土地（地块名称、等级、四至、土地用途附后）的承包经营权转让给乙方从事××××（主营项目）生产经营。

二、转让期限

转让的土地承包经营权年限为××年，即自××××年××月××日起至××××年××月××日止。

三、转让价格

转让的土地承包经营权的转让金为××××元。甲方承包经营相关地块时对该地块实际投入资金和人力改造的，可收取合理的补偿金。本合同的补偿金为××××元（没有补偿金时可填写为零元）。两项合计总金额为××××元。

四、支付方式和时间

乙方采取下列第××种方式和时间支付转让金和补偿金：

1. 现金方式（一次或分次）支付转让金和补偿金（无补偿金时可划去），支付的时间为××××年××月××日。

2. 实物方式（一次或分次）支付转让金和补偿金（无补偿金时可划去），实物为××××，支付的时间为××××年××月××日。

五、土地承包经营权的交付时间和方式

甲方应于××××年××月××日前将转让承包经营权的土地交付乙方。

交付方式为××××。

六、承包经营权转让和使用的特别约定

1. 转让土地承包经营权必须经发包方同意，并由甲方办理有关手续，在协议生效后甲方终止与发包方的承包关系。

2. 甲方交付的承包经营土地必须符合双方约定的标准。

3. 乙方必须与发包方确立新的承包关系，变更土地经营权证书，签订新的土地承包经营合同，方能获得土地承包经营权。

4. 乙方获得土地承包经营权后，依法享有该土地的使用、收益、自主组织生产经营和产品处置权。

5. 乙方必须按土地亩数承担农业税费和国家政策规定的其他义务。

6. 乙方必须依法保护和合理利用土地，不得掠夺性经营，不得给土地造成永久性损害，并负责保护好承包土地上的林木、排灌设施等国家和集体财产。

7. 乙方不得改变土地的农业用途，不得用于非农建设。

8. 其他约定：××××。

七、违约责任

1. 甲乙双方在协议生效后应本着诚信的原则严格遵守协议规定。如一方当事人违约，应向守约一方支付违约金。违约金的数额为××××元。

2. 如果违约金尚不足以弥补守约方经济损失时，违约方应在违约金之外增加支付赔偿金。赔偿金的数额依具体损失情况由甲乙双方协商或土地承包仲裁机构裁决，也可由人民法院判决。

八、争议条款

因本协议的订立、效力、履行、变更及解除等发生争议时，甲乙双方应协商解决，协商不成的按下列第××种方式解决：

1. 提请村民委员会、乡（镇）人民政府、农村土地承包管理机关调解。

2. 提请××××仲裁委员会仲裁。

3. 向有管辖权的人民法院提起诉讼。

九、生效条件

甲乙双方约定，本协议须经双方签字、发包方同意并经××乡（镇）政府农村经营管理机构备案（或鉴证）后生效。

十、其他条款

本协议未尽事宜，可经双方协商一致签订补充协议。补充协议与本协议具有同等效力。

本协议一式四份，由甲乙双方、发包方和鉴证单位各执一份。

甲方代表人：×××　　　　　　乙方代表人：×××
身份证号：××××　　　　　　身份证号：××××
住址：××××　　　　　　　　住址：××××

××××年××月××日　　　　　××××年××月××日

发包方：××××　　　　　　鉴证单位：××××

××××年××月××日　　　　　××××年××月××日

4.3　经济合同

《中华人民共和国民法典》第464条规定：合同是民事主体之间设立、变更、终止民事法律关系的协议。

当事人订立合同时，可以采用书面形式、口头形式或者其他形式。书面形式是合同、信件、电报、电传、传真等可以有形地表现所载内容的形式。如今，以电子数据交换、电子邮件等方式能够有形地表现所载内容，并可以随时调取查用的数据电文，也被视为书面形式。

经济合同是指平等主体的自然人、法人和其他经济组织之间，为实现一定的经济目的，按照法定程序明确相互之间权利和义务的、意思表示一致的、具有法律效力的协议性文书。

合同是经济合同中最基本、最重要的一种形式。经济合同常见的格式有两种：格式合同和条款式合同。

（1）格式合同，又称制式合同、标准合同，是指合同的当事人为了重复使用，未与对方协商就预先拟定的合同。

（2）条款式合同，是指合同的当事人将协商一致的内容，按先后顺序、轻重缓急，设条、款、项、目等层次，依次列出的合同形式。

在经济活动中，人们常常将上述两种基本格式结合起来使用，即将合同双方协商一致的内容，分成格式和条款两个部分，同时写入合同中。这种格式被称为混合式合同。

4.3.1　格式写法

经济合同尽管种类各异，但其结构大致相同，均由首部、正文、落款三部分组成。

1. 首部

首部主要包括标题和合同当事人两个部分。

（1）标题。经济合同的标题写在合同首页上方正中位置。其写法有两种：一是由合同性质和文种组成，如"买卖合同""技术转让合同"；二是由合同当事人名称、事由和文种组成，如"××国××省××××有限责任公司与××国××××有限责任公司关于合作经营××××汽车配件有限责任公司合同"。

（2）合同当事人。准确写出签订合同的各方单位的全称，并在其后注明各方约定的固定指代，如甲方、乙方、丙方。

2. 正文

正文包括引言、主体和结尾。正文部分一般都采取分章写法，章以下设条、款、项、目等层次。需要说明的是，条的序数要求全文统一列序，以便引用和指称。

（1）引言，即合同的开头部分，应简要说明签订经济合同的法律依据及签订合同的目的。常用的表达句式是"为了……"或"根据……"。此部分内容的表述应精练、明确。

（2）主体，是合同的主要内容，也是合同的核心部分。合同主体的内容应由合同当事人约定，一般包括下列内容：标的；数量；质量；价款或者报酬；履行期限、地点和方式；违约责任；解决争议的方法；等等。

（3）结尾。部分合同正文的结尾常用"附则"表示，其内容包括合同文字及效力、合同文本份数、合同的有效期限、合同未尽事宜的协商方法以及合同的生效条件等。

3. 落款

在正文之后注明合作各方单位的全称，各方的法定代表人签字，并加盖公章，同时注明签订合同的日期。

此外，合同文本后面一般都有附件，或称为附项。它是合同文本不可分割的部分，包括进口设备清单、技术引进合同、土地使用证、可行性研究报告、公司章程等文件。

4.3.2　写作注意事项

在拟制经济合同时，结构要完整、条款要明确，注意条款之间的逻辑关系；内容要全面、具体；措辞要准确，切忌抽象模糊，不要产生歧义。

在订立书面合同时，一定要真实、准确、完整地表述出各方当事人的一致意思。任何丝毫的偏差都会造成矛盾，甚至使一方遭受不应有的损失。

4.3.3　范文模板

联合经营××××合同书

甲方（单位名称）：××××

经济性质：××××

乙方（单位名称）：××××

经济性质：××××

（注：若有两个以上联营单位，依次称丙、丁……方。）

双方本着互利互惠、共同发展的原则，经充分协商，一致决定联合出资共同经营××××公司（以下简称公司），特订立本合同。

1．联营宗旨

…………

2．联营企业名称

…………

3．联营项目

…………

4．经营范围与经营方式

…………

5．联合出资方式、数额和投资期限

…………

6．公司资金增减由董事会决定，并报请联营成员协商，根据资金增减合理调整本协议有关分配比例的规定。

7. 公司财产为全体联营成员所共有，任何一方不经全体联营成员一致通过，不得处分公司的全部或任何部分财产、资产、权益和债务。

8. 联营成员出资额及其因参加本联营获得之权益不得转让。

9. 联营成员的权利和义务

甲方：（略）

乙方：（略）

10. 利润分配与风险承担

公司实行（所得）税前分利的原则，即依法缴纳产品税、增值税后，由投资各方将分得利润并入投资方企业利润，一并缴纳所得税。

公司所得，在提取储备基金，企业发展基金及职工福利奖助基金后，按下述比例分配：

甲方：××%；

乙方：××%：

双方按上述比例承担公司亏损或风险。

前款所列储备基金、企业发展基金及职工福利奖励基金所提取比例由董事会制定，但不得超过毛利的××%。

11. 联营企业的组织机构

公司实行董事会领导下的经理负责制，董事会为公司最高决策机构，定期举行董事会会议，决定公司的一切重大事宜。

董事会由××名董事组成，其中甲方委派××名，董事长由甲方委派，副董事长由乙方委派。董事会成员任期××年，经委派方继续委派可以连任，董事会成员如有临时变动，可由该董事的原单位另派适当人选接替。

董事长、副董事长、董事可以兼任公司的经理、副经理或其他职务。

12. 公司的经营管理

公司由出资各方派人共同经营管理。公司的经营方针，重大决策（包括生产销售计划、利润分配、提留比例、人事任免等）采取董事会一致通过的原则。

公司设经营管理机构，负责公司的日常经营管理工作，经营管理机构设经理一人，由××方推荐，副经理××人，由××方推荐，经理、副经理由董事会聘请，任期××年。

公司的主管会计由××方推荐，××方推荐××名协助之。

公司的财务会计账目受联营成员监督检查。

13. 违约责任

（1）联营成员任何一方未能按本协议规定依期如数提交出资额时，每逾期（时间）违约方应缴付应交出资额的××%作为违约金给守约方。如逾期（时间）仍未提交，除累计缴付应交出资额的××%的违约金外，守约方有权要求终止协议，并要求违约方赔偿损失。如双方同意继续履行协议，违约方应赔偿因违约行为给公司造成的经济损失。

（2）对不可抗力情况的处理。

（3）协议履行中如发生纠纷，由各方派代表协商解决，请双方主管部门调解解决及请求仲裁机关仲裁。

（4）联营成员不得中途退出联营，如中途退出，除赔偿造成的全部损失外，另付出资额的××%作为违约金。

（5）联营成员在本联营存续期间不得加入其他半紧密型联营，如违反本规定，视为中途退出，按前款处理。

14. 本合同经双方代表签字后，报请有关主管部门审批后生效，合同中如有未尽事宜，由联营成员共同协商做出补充规定。

15. 本合同生效日，即公司董事会成立之时，由公司董事会负责监督检查各方履约情况。

16. 本协议正本一式××份，双方各执××份，公司存××份；协议副本一式××份，送××××、××××、××××各一份。

甲方：××××　　　　　　　　　　　乙方：××××
法定代表人：×××　　　　　　　　　法定代表人：××××
××××年××月××日　　　　　　　××××年××月××日

　　　　　　　　　　　　　　　公证或鉴证机关：××××
　　　　　　　　　　　　　　　　　××××年××月××日

第 5 章 审计类文书

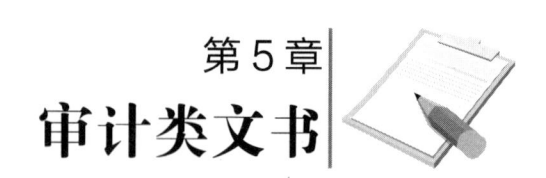

审计类文书是指国家审计机关、单位内部审计机构、社会审计组织的审计人员在审计工作中，依照必要的程序和手续，因业务需要而编制的并经领导签发的各类文书的总称。这类文书是审计工作的记录和文字凭证。本章主要介绍7种审计类文书，分别是审计通知书、审计任务书、审计方案、审计报告、审计决定、审计移送处理书、审计工作总结。

5.1 审计通知书

审计通知书是国家审计机关和单位内部审计机构向被审计单位就审计的项目、内容、范围、时间、方式、要求和审计组的组成情况等所发出的通知，它是审计组进驻被审计单位执行审计任务、行使审计监督权的依据。

5.1.1 格式写法

审计通知书属于审计公文，其书写形式有固定形式和灵活形式两种。

固定形式的审计通知书，是指在经过设计、格式统一、正文的通用部分已事先印刷好的通知书上的相应表格内填写具体内容。

灵活形式的审计通知书一般由标题、称谓、正文、落款四部分组成。

1. 标题

审计通知书的标题一般由被审计单位名称、事由和文种组成，如"关于对××××单位××××进行审计的通知""关于对×××同志任××××期间经济责任进行审计的通知"。

2. 称谓

称谓，即对主送单位的称呼。主送单位是指审计通知书的主要行文对象，即被审计单位。

3. 正文

正文是审计通知书的主体，也是审计通知书最重要的部分，这部分的内容主要包括：

（1）引言。在引言部分，要写明审计的依据和时间安排。

（2）审计的内容和范围。审计的内容，即实施的审计方式，如跟踪审计、就地审计及送达审计等；审计的范围，即审计项目和时间范围，如××××年的财务收支情况审计。

（3）审计组组成和分工。审计通知书需要写明审计组组长、成员等，方便审计实施时的工作对接。

（4）对被审计单位的一些要求，诸如要求其提供有关材料和必要的工作条件等，提出这些要求的目的是保证审计任务的顺利完成。其中，要求被审计单位提供的材料通常是指被审计单位的基本情况和审计范围内的各种账册、报表、凭证、主要经济指标和财务收支的自查情况；而必要的工作条件是指临时为审计组提供的进行审计工作的场所，目的是便于其开展工作。如对被审计单位有特殊要求，可在审计通知书发送前向被审计单位提出，或在审计通知书后另附具体要求。

4. 落款

在审计通知书的落款处注明制发审计通知书的单位名称，并加盖公章；发文日期以单位领导的签发日期为准。

5.1.2 写作注意事项

在审计通知书中，对事项的说明不仅要明确、具体，还要符合客观实际。另外，整个通知书的行文要条理清晰，使受文者可以正确理解其中的内容。

审计通知书的语言表达要准确、简洁，切忌使用含混不清、模棱两可或可做多种解释的语句。

5.1.3 范文模板

关于对××××公司进行审计的通知

××××公司：

根据年度工作安排，××××决定派出审计组，自××××年××月××日起，对你公司××××年度财务收支合法性、合规性进行审计，必要时将追溯以前年度或延伸审计有关单位。请予以配合，并提供有关资料（包括电子数据资料）和必要的工作条件。

审计组组长：×××

审计组成员：×××　×××　×××

特此通知。

××××
××××年××月××日

5.2　审计任务书

审计任务书是上级审计机关向下级审计机关下达审计任务时所使用的公文。它具有一定的约束力和控制力，是审计任务执行者制订审计计划、开展审计工作的重要依据。

5.2.1　格式写法

审计任务书通常以通知的形式下达。审计任务书一般由标题、称谓、正文和落款四部分组成。

1. 标题

标题由发文机关名称、事由和文种组成，标题下方一般为发文字号。

2. 称谓

称谓，即对主送单位的称呼，于标题下方顶格写。

3. 正文

正文的内容包括下达审计任务的目的和依据、下达的具体审计任务、要求完成审计任务的时限及对审计任务执行方面的希望或要求。

如果审计任务书中带有附件，那么须在正文之后写明附件名称；而且，当附件较多时，可用序号标明。

4. 落款

在正文的右下方位置注明发文机关名称和发文日期，并加盖公章。

5.2.2 写作注意事项

审计任务书是一种部署性的文书，其中，制定审计工作方案，实施审计计划，都要以其为重要依据。因此，在撰写审计任务书时，正文的各项内容必须明确、具体、层次清晰，希望或要求应切合实际，文字表述要简明、规范。

5.2.3 范文模板

××省审计局关于下达××市财政审计任务的通知

××市审计局：

为逐步发挥财政审计在维护财经法纪、提高经济效益、加强宏观调控和管理方面的作用，更好地为经济体制改革服务，根据全国审计工作会议下达的《××××年全国重点审计项目计划》，经研究确定你局从××月开始组织力量，对你市××县××××年度财政收支决算进行审计。

工作结束后，要认真总结经验，写出综合性报告和一些典型报告，并报送省局。

附件：（略）

××省审计局
××××年××月××日

5.3　审计方案

审计方案是指审计机关为了能够顺利完成审计任务，达到预期审计目的，在实施审计前对审计工作所做的计划和安排。

审计方案是督促现场审计按指令进行，并掌握审计工作进展情况的一种工具。通过审计方案，审计监督员可以全面把握审计工作的整体部署，包括时间预算和人员安排。一般审计人员也可凭借审计方案来衡量自己的工作进度和质量，知道已经完成的和尚需集中精力要完成的有哪些工作内容，使自己在整个现场审计过程中实现自我控制和自我指导。

审计方案的确定进一步明确了审计目标、审计重点范围和审计步骤，从而对完成方案中规定的每一部分工作内容所需要的时间和知识技能的估计都较为准确。通过审计方案，审计机关就能有针对性地分配审计人员，并对完成现场审计和撰写审计报告的日程做出具体安排，统筹安排有关事宜。

审计方案是对现场审计工作进行监督和检查的依据。通过将实际工作与审计方案进行比较，就可以发现哪些工作内容尚未完成或完成得不够理想，需要在剩余的时间里及时予以补救和改进，借此监督审计人员圆满完成工作任务。

审计方案是提高审计工作效率的必要工具。良好的审计方案可以使内部审计人员从被审计单位复杂、系统的信息迷宫里摆脱出来，让其避免在大量枝节问题上纠缠不清，而将时间和精力集中在风险较大或可能存在重大问题的领域，这样可以强化对这些领域的检查和评价的深度、力度；而且，内部审计人员可以减少不必要的审计时间，降低审计费用，并保证工作质量符合要求，以更经济、有效的方式实现审计目标，完成审计工作，达到审计目的。

审计方案包括审计工作方案和审计实施方案。

审计工作方案是审计机关为了统一组织多个审计组来对部门、行业或者专项资金等审计项目实施审计而制订的总体工作计划。审计工作方案应当包括撰写依据、审计任务和目标、审计范围、审计内容和重点、审计方法、审计步骤、审计组的组成和分工、注意事项等内容。审计工作方案由审计机关撰写，其内容侧重于指导性。

审计实施方案是审计组为了完成审计任务而对从发送审计通知书到处理审计报告的全过程的工作安排。审计实施方案应当包括审计依据、被审计单位名称、被审计单位的基本情况、审计目标、审计范围、审计技术方法、主要审计内容、预计的审计工作起止日期及步骤、审计组的组成和分工等内容。审计实施方案应当明确、具体，具有针对性、可操作性。审计实施方案一般由审计组撰写。

5.3.1　格式写法

审计方案的形式有两种：一种是表格式，即把审计方案的内容概略填入相应表格中；另一种是文字表达式，即用横向并列式的结构把审计方案的内容逐条列出。

下面我们来了解一下文字表达式审计方案的结构和内容。文字表达式审计方案一般由标题、正文、落款三部分组成。

1. 标题

一般情况下，审计方案的标题有省略式标题和完整式标题两种：省略式标题由事由和文种组成，如"审计工作方案""审计实施方案"；完整式标题由审计机关名称、时限、事由和文种组成，如"××市审计局××××年度审计工作方案"。

2. 正文

我们分审计工作方案和审计实施方案来介绍正文。

审计工作方案的正文主要包括以下内容：

（1）撰写依据。撰写依据，顾名思义，即撰写审计工作方案的依据。

（2）审计任务和目标。这部分应用简洁的文字说明审计所要完成的任务和想要达到的目标。具体审计目标是对总体审计目标的细化，直接用以指导制定具体的审计方法及程序。

（3）审计范围。审计范围一般是对审计时间跨度和审计内容宽度的限定。

（4）审计内容和重点。这部分内容要求明确审计项目所包含的具体事项，如企业财务收支审计中的销售收入、生产费用开支、应收账项、应付账项等。在诸多项目中应根据审计目的确定要重点审查几项。

（5）审计方法。根据审计范围、审计内容和重点确定审计时所采用的具体方法。

（6）审计步骤。审计步骤一般按审计过程的三个阶段来划分，即准备阶段、实施阶段、终结阶段。其中，每个阶段拟做的工作内容、时限要求应详细、具体，这样做可以使审计人员明确自己在每个阶段应做什么和应达到什么要求，他们由此可以按部就班地开展审计工作。这部分是审计工作方案中比较重要的部分。

（7）审计组的组成和分工。这部分要列出审计组成员的名单及这些成员的分工情况。

（8）注意事项。通常是根据审计范围、审计内容及以往的经验教训，对审计工作中可能出现的问题提前提醒相关审计人员，以便使其在工作过程中随时注意，避免出现差错。

在撰写审计工作方案的过程中，可根据具体的实际情况，选择上述各项正文内容中的几项来撰写，各项内容可独立列出，也可几项合并撰写，其先后顺序也可视情况而安排，没有固定程式。

审计实施方案的正文包括审计依据、被审计单位名称、被审计单位的基本情况、审计目标、审计范围、审计技术方法、主要审计内容、预计的审计工作起止日期及步骤、审计组的组成和分工等，这里不再详述。

3. 落款

审计方案的落款处通常要有署名并加盖公章，同时也要写明签署日期。

5.3.2 写作注意事项

审计方案的撰写要建立在一定数量的资料基础上，内容应该完备。同时，审计方案还应对整个审计过程和审计程序做出合理的规定，明确审计目标，便于将来考核审计工作的质量。

5.3.3 范文模板

范文模板一：

审计工作方案

根据《中华人民共和国审计法》和《××省预算执行审计监督暂行办法》的规定，按照省人大、省政府要求，为了组织实施好××××审计工作，特制定本方案。

一、审计目标

××××年省本级预算执行审计工作，以××××为指导，按照××××方针，紧紧围绕××××中心，继续坚持综合财政审计思路，改进审计方法，深化审计内容，……通过审计，达到以下目标：

一是服务财税改革，促进部门预算、政府采购、国库集中支付和收支两条线等财政改革措施的完善和落实；二是服务政府决策，揭露和反映财政财务收支中的普遍性和倾向性问题，提出改进意见和建议，为省政府加强财政管理，进行宏观决策提供依据；三是服务人大监督，如实向人大报告我省预算执行中存在的问题，为省人大强化省级财政监督，促进依法治省服务。

二、审计范围和对象

主要对××××年度财政预算执行和其他财政财务收支的真实性、合法性和效益性及财税改革政策的贯彻落实情况进行审计，并对重点问题进行追溯或延伸审计。

确定审计对象的原则：

…………

三、审计内容和重点

（一）省财政厅

…………

（二）省地税局

…………

（三）国家金库××省分库

…………

（四）省直其他部门（单位）

在对预算内外资金全面审计的基础上,重点审计:

1. 罚没收入和纳入预算管理的行政性收费收缴情况。……

2. 部门(单位)预算外收入、单位经营和事业收入的管理情况。……

3. 专项资金(事业费)的预算申报、分配和使用情况(包括省级专项经费和中央专款)。……

4. 重大投资建设项目决策、管理及效益情况。……

5. 实行规范部门预算试点的单位和部门,在对上述内容审计的基础上,还要对部门预算的编制及执行情况进行全面审计。

6. 对××××年审计工作报告中涉及的省直部门和单位,××××年继续纳入审计范围,并且在完成上述审计内容的基础上,还要开展对比审计,针对××××年审计查处的违纪违规问题和管理中存在的漏洞,跟踪检查该单位审计意见、审计决定的整改落实情况,看是否加强了财政财务管理,违纪违规问题是否得到有效遏制。

四、组织方式及要求

(一)统一组织,分头实施

……

(二)改进方法,提高质量

……

(三)及时上报,注重时效

……

五、审计步骤

……

××××

××××年××月××日

范文模板二:

审计实施方案

一、立项依据

《中华人民共和国审计法》第十六条、第十七条规定和省厅××××年审计工作计划安排。

二、被审计单位名称

××××

三、审计目标

一是了解和掌握被审计单位的基本情况和财务管理现状,从总体上全面弄清被审计单位的资产负债和财务收支情况;二是审查被审计单位的年预算执行结果,分析预算与决算产生差异的原因,并提出改进意见,促使其加强和完善预算管理;三是揭露其在预算执行中存在的主要问题,纠正违纪违规行为,严肃国家财经法纪。

四、被审计单位的基本情况

××××是××省省直机关首批实行部门预算的试点单位,为一级预算单位。××××年财政预算包含厅机关及所属机构××××局和××××局。××××年××××实有人数××××人,财政预算人数××××人。

五、审计范围

被审计单位的年度预算执行及财务收支情况。根据工作需要,有关事项可追溯到以前年度或延伸到有关单位进行审计和调查。

六、审计技术方法

由于该单位的财务收支规模较小,资金量小,会计业务较简单,拟运用详查法审计。

七、主要审计内容

(一)被审计单位预算的编制情况

1. 收入预算的编制情况。……

2. 支出预算的编制情况。……

(二)被审计单位预算的执行情况

1. 收入预算的执行情况。……

2. 支出预算的执行情况。……

(三)被审计单位预算执行结果的编报情况

…………

八、预计的审计工作起止日期及步骤

预计审计时间:××月××日至××月××日

第一阶段(××月××日至××月××日)审前调查,制定实施方案。……

第二阶段（××月××日至××月××日）查证阶段。根据审计方案分工，分头开展查证工作，重点审查部门预算执行的真实性、合法性。

第三阶段（××月××日至××月××日）汇总阶段。……

九、审计组人员和分工

…………

××××审计组
××××年××月××日

5.4 审计报告

审计报告是指审计人员根据国家有关政策、法规等，在实施了必要审计程序后，向审计机关或授权部门提交的关于被审计单位的财务收支及有关经济活动的真实性、合法性等情况，或关于厂长、经理等有关经营者离任经济责任的审查情况、审查结果、处理意见和改进建议等的书面报告。

审计报告是审计工作最终成果的体现，具有法定证明效力。因为审计行为是依法进行的，所以审计结果按照法律的规定既要对委托人负责，还要对其他相关的关系人负责。审计报告本身要对被审计会计报表的合法性、公允性和会计处理方法一致性表示意见，各方面关系人以这种具有鉴证作用的意见为基础进行决策。因此，在审计报告中的审计意见必须具有信服力、公正性和严肃性，具备法律效力，否则，委托人和各方面的关系人就不需要使用审计报告。审计报告的法律效力体现在各方面关系人使用审计报告的过程中。

其实，不仅审计委托人和被审计单位管理部门可以按规定使用审计报告，而且相关的债权人、金融机构、财政部门、工商部门、税务部门和社会公众等也可以使用审计报告，并从中获得对有关项目公允反映程度的公正信息。

审计报告可以按照不同的标准进行分类：

一、按照内容的不同，审计报告可分为财政、财务收支审计报告，财经法纪审计报告，经济效益审计报告，外资审计报告和审计鉴证报告。

财政、财务收支审计报告又可分为财政收支审计报告和财务收支审计报告两种：财政收支审计报告是指对某一级政府的财政收支进行审计时所出具的审计报告；财务收支审计报告则是对企业或行政事业单位的财务收支进行审计时所出具的审计报告。

财经法纪审计报告，也称专案审计报告，是对严重违反财经法纪的贪污、盗窃、侵占国家资产、严重损害国家利益等行为进行立案审计所出具的审计报告，同时也是证明被审计单位的会计报表是否可靠、可信，财务状况是否真实、准确，经济活动是否合规、合法的审计报告。

经济效益审计报告是指对被审计单位的经济效益进行审计时所出具的审计报告。这种审计报告的主要目的和作用是向被审计单位及其主管部门提供改善经营管理、挖掘企业内部潜力、提高经济效益的依据和建议。

外资审计报告是指对引进的外国资金进行审计时所出具的审计报告。引进外国资金的方式一般包括向外国贷款、世界银行援助项目、中外合资和外商投资等。目前我国审计机关已开展的外资审计业务包括借贷资金审计、合资经营审计、援助项目审计。

审计鉴证报告是指对经济案件进行审计时所出具的起证明、鉴别作用的审计报告。此类审计报告多数由注册会计师事务所和注册审计师事务所出具。

二、按照使用目的的不同，审计报告可分为公布目的审计报告和非公布目的审计报告。

公布目的审计报告是指用于向被审计单位的所有者、投资者或债权人等非特定性质利害关系者出具的审计报告，这种审计报告必须附有会计报表。

非公布目的审计报告是指用于向经营者、合并或业务转让的关系人、提供信用的金融机构等具有特定目的关系者出具的审计报告。

三、按照详略程度的不同，审计报告可分为简式审计报告和详式审计报告。

简式审计报告是指内容简明扼要、格式遵循一定标准的审计报告。这类审计报告记载的内容一般涉及法令或审计准则，且必须简明扼要，同时，用以表述这些内容的文字是简洁且通俗易懂的。另外，这类报告的行文要遵循一定的标准格式。

详式审计报告是指对被审计单位的所有重要的经济业务和情况都必须给

出详细分析、说明的审计报告。与简式审计报告不同的是，详式审计报告因为包含的内容详细丰富，因此，这类报告的行文很难遵循一定的标准格式。

四、按照形式的不同，审计报告可分为文字说明式审计报告与表格式审计报告。

文字说明式审计报告是最常见的审计报告类型，绝大多数审计报告均属于此类型。

表格式审计报告是以表格为主体格式的审计报告。这类审计报告并不多见，而且它也不是通篇均为表格，因为它或多或少还需要借助一定的文字来对表格进行说明，纯粹的表格式审计报告并不存在。

五、按照性质的不同，审计报告还可分为综合审计报告和专项审计报告。

综合审计报告，也称全面审计报告，其特点是审计的范围广，包括财务审计、经济效益审计和财经法纪审计等。在综合审计报告中，既要将所发现的问题全面地反映出来，又不需要将所要审计的事项都列出来，它主要是对被审计单位的财务工作、经济效益、遵守财经法纪情况的审计。

专项审计报告是针对一部分财务工作，或影响经济效益的个别问题，或某项财经法纪执行情况的审计结果而写成的审计报告，例如，企业承包经营责任审计、被兼并企业资产清查审计、基本建设拨款审计等。这类报告一般都是对财经工作中特定范围内存在的问题和特定事项进行审计时所出具的审计报告。

5.4.1 格式写法

在长期使用的过程中，审计报告在吸收和借鉴国际公认的审计准则的基础上，形成了一个较为合理、较为科学、较为严谨的格式。一篇完整的审计报告通常由标题、称谓、正文、附件、落款五部分组成。

1. 标题

审计报告的标题一般采用公文式标题，其写法有两种：一是由审计机关名称、被审计单位名称、审计内容和文种组成，如"××市审计局关于××××开发公司经济效益的审计报告"；二是省略审计机关名称，由被审计单位名称、审计内容和文种组成，如"关于××××仪器厂××××年财务收支的审计报告"。

2. 称谓

称谓要写主送单位的全称或规范化简称，如××市审计局、××××进出口公司等。

3. 正文

审计报告的正文包括引言、被审计单位的基本情况、审计评价、审计发现的主要问题及处理处罚意见、审计意见。

（1）引言。引言是审计报告的开头部分，一般包括审计的依据、对象、时间、内容、范围、方式等。这部分结束往往用"现将审计情况（结果）报告如下"或"现将该单位的审计结果报告如下"等语句过渡下文。

（2）被审计单位的基本情况。这部分是在审计范围内对被审计单位的基本情况进行概要的说明、评价，一般包括被审计单位的经济性质、管理体制、财政财务隶属关系、财政财务收支状况及人员编制情况。比如，在流通企业的利润审计中，这部分主要包括对主营业务的收支、利润情况，其他业务的收支、利润情况；营业外的收支情况等的说明、分析。

（3）审计评价。审计评价是对被审计单位财政收支和财务收支的真实性、合法性、效益性的评价，而对超出审计职责范围、审计过程未涉及、审计证据不充分、评价标准不明确的部分不予评价。

审计人员应根据审计实施方案确定的审计目标做出审计评价。对被审计单位财政收支和财务收支的真实性、合法性、效益性的评价是审计评价的总体要求，就具体的审计项目而言，要视具体情况而定。

（4）审计发现的主要问题及处理处罚意见。将审计发现的问题按照性质进行归类，并按照重要程度将它们排序。比如，以前年度审计决定未执行的问题应列在当年查出的问题之后。如果审计工作方案已明确审计内容和重点的归类和排序，那么此处对问题的归类和排序应符合审计工作方案的要求。

每类问题一般应列有标题。标题一般应包含对问题的定性用语、金额和处理处罚意见。

每类问题包括三部分内容，即违法违规事实、定性及法规依据，处理处罚决定，移送处理决定及依据，这三部分内容应注意根据文字多少适当分段。违法违规事实表述一般应包括违法违规主体、时间、主要情节、金额等，文字要简洁，避免有过多的过程或细节描述。定性表述的用语必须规范、准确，不得模棱两可、含糊其词。在对违法违规事实进行定性和做出处理处罚决定时应列出明确的法规依据，法规依据包括法律法规、规章及规范性文件。在引用法律法规时，一般应列明文件名称、具体条款号及条款内容；在引用规章和规范性文件时，一般应列明发文单位名称、文件名称、发文字号、具体条款号及条款内容。归于同一类的若干具体问题应尽可能合并表述，适当简化，其法规依据相同的，一般只引用一次。反映以前年度审计决定未执行问题的表述也可适当简化。处理处罚决定均应列明金额，特殊情况无法列明的，应做出说明。在移送处理决定的表述中应包括对某问题审计署已（将）移送某单位处理的表达以及移送处理决定的依据。

（5）审计意见。此部分不是审计报告的必备内容，只有在必要时，审计机关才可以对被审计单位和其他有关单位提出改进财政、财务收支管理，完善有关规章制度的意见和建议。所提出的意见和建议应针对审计发现的问题或者需要关注、研究的问题，应具有可操作性，便于被审计单位和其他有关单位整改。审计意见的对象一般为被审计单位，如果涉及被审计单位以外的其他有关单位，应建议被审计单位与有关单位进行商榷或者在审计报告中注明"该问题审计署已（将）移送有关单位"。

4. 附件

附件主要是将查出问题的证明材料，如有关凭证、账表、证据的影印件等，作为审计报告文字说明部分的补充和佐证，附在正文之后，这也是审计报告给出结论的依据。

5. 落款

落款处应注明审计机关名称、审计人员的姓名及审计报告的撰写日期，并加盖公章。

5.4.2 写作注意事项

在审计报告中，一般用第三人称来称呼被审计单位，比如，可以用被审计单位名称，也可以直接称"该单位"。审计报告中的单位名称（包括被审计单位名称）应使用全称或规范化简称，没有规范化简称的，第一次出现时应使用全称，随后也可以使用简称，但必须在第一次出现时的全称后面标注出"以下简称××××"。

撰写审计报告首先要确定主题。一般来讲，一篇审计报告只能有一个主题，所有内容都必须围绕这个确定的主题来展开，切忌什么都讲，结果什么都讲不清。

撰写审计报告时，要尊重事实，客观公正。在审计报告中提出的问题必须有充分可靠的事实材料作为佐证，并且既不夸大也不缩小这些事实材料；同时对于证据不足或未经查明的事项，可暂时搁置，不要轻率地写入报告中。

在撰写审计报告时，除了要准备完整详细的提纲，还要讲求具体的写作方法，以及采用恰当的语言和表达方式等。先写什么，后写什么，重点写什么，简要写什么，要根据撰写审计报告的目的做出适当取舍。

在撰写审计报告时，不但要写明审计发现的问题，而且要根据有关规定确定问题的性质，做出审计决定；与此同时，要详细写出切实可行的建议，帮助被审计单位改进工作。

在审计报告中，语言必须准确、精练，合乎逻辑和语法；数字必须准确无误，并且一般不用分数。尤其要注意的是，在撰写结论性的意见和评价时，观点要鲜明，措辞要适当、严谨，比如，是"贪污"还是"挪用"，是"疏忽"还是"有意"，定性应准确，决不能含糊。

在审计报告定稿之前，一定要认真修改，统一修改格式和观点，调整结构和材料顺序，对不足部分进行补充，对累赘部分进行删减，改换不恰当的资料和语言，改正错别字和标点符号，统一计量单位等。

5.4.3 范文模板

关于对××××厂全面审计的报告

××市审计局：

根据省市审计会议的部署精神，县审计局于××××年××月××日至××日，对本县唯一的亏损户××××厂××××年××月至××月的全部会计凭证、账表进行了全面审计。查实的主要问题和处理意见如下：

一、审计结果

该厂××××年××月至××月的经营管理情况不好，浪费损失

××××元,"两清"时多报××××损失××××元,不合理占用资金××××元,漏提税款××××元,做厂服挂账占用资金××××元。在管理岗位上责任制不落实,对车间、科室签订的合同不兑现等,没有摆脱"吃大锅饭"的局面。

二、情况说明

(一)浪费损失严重

…………

(二)"两清"时多报××××损失

…………

(三)不合理占用资金

…………

(四)漏提税款

…………

(五)做厂服挂账占用资金

…………

三、对该厂问题的处理意见

1. 该厂的浪费损失主要是由于经营管理不善造成的,问题严重。为达到教育全县的目的,促使各行各业加强经营管理,减少或避免损失,请政府批转这份报告,通报全县。

2. 建议其主管公司派专人对厂领导班子进行整顿:摆问题,查原因,落实领导责任制,端正经营管理思想。

3. 对"两清"损失要重新认真清理,其中多报的××××损失要做调账处理。

4. 健全资金管理制度……

5. 加强基本建设的计划管理,今后要杜绝基建超支,对现在已超支的部分要提出处理意见,报主管局、财政和税务部门研究处理。

6. 漏提税款××××元,××月份补交。

7. 做厂服挂账占用的资金,要根据县政府规定办理。

8. 严格控制样品费用,必须发出的样品要及时地反映在账目上,不能搞账外管理。

9. 加强物资管理和财务管理……

附件：（略）

××县审计局

审计员：×××

××××年××月××日

5.5　审计决定

审计决定是指审计机关在审定审计报告后，依据审计报告中所列的被审计单位违反国家规定的财政收支、财务收支的事实，对被审计单位依法给予处理处罚的审计文书。它是审计机关向被审计单位直接下达的、具有法律效力的文书。

审计决定是加强国家审计监督，维护国家财政经济秩序，促进国家廉政建设，保障国民经济健康发展的重要工具，对违反国家规定的财政收支、财务收支的行为具有惩戒与教育的作用。

对于审计决定所作出的处理处罚决定，被审计单位应无条件执行，如果有异议，被审计单位可以申请复议，但在没有改变决定之前，不得停止或拒绝执行，一旦无故拖延或拒绝执行，审计机关可以采取强制措施。审计报告一般是结论性和建议性的，主要在公证、鉴定、评估、建议等方面起作用，不具有法律执行效力。

5.5.1　格式写法

审计决定由标题、称谓、正文、落款四部分组成。

1. 标题

审计决定的标题由事由和文种组成。事由要概括决定的对象，用介词"关于"引导，如"关于××××机电厂财务收支违纪问题的审计决定"。

2. 称谓

称谓，即被审计单位的全称，于标题下方顶格写。

3. 正文

审计决定主要包括下列内容：

（1）引言。引言说明审计事实和作出审计决定的根据，之后用惯用语"作出如下审计决定"引出下文。

（2）主体。主体说明决定事项，每项决定一般应有标题，标题一般表述为"关于××××的处理（处罚）"，且"××××"应与之前审计报告中的"审计发现的主要问题及处理处罚意见"部分所列标题一致，且顺序一致。

另外，如果审计报告的"审计发现的主要问题及处理处罚意见"部分反映的问题没有在审计决定中反映，那么审计组所在部门应当另行做出书面说明。

每项决定都必须有事实、定性、处理处罚决定及相应的法律、法规、规章依据，且表述应当与审计报告中的"审计发现的主要问题及处理处罚意见"部分的相关表述一致。

（3）结尾。结尾一般介绍对被审计单位执行审计结论和决定的要求，并通知被审计单位："如果对本决定不服，可以在收到本决定之日起××日内，向××××审计局（上级审计机关）申请复议。"

4. 落款

在落款处注明发文机关名称和发文日期，并加盖公章。

5.5.2 写作注意事项

撰写审计决定时，应运用准确的语言把审计中发现的问题表述出来，一定要尊重客观事实。

在撰写每项决定时，应当将认定的事实与引证的有关法规、政策及据此作出的处理处罚决定结合起来写；同时，在引证有关法规、政策等条款时，不要笼统地写"根据国家有关法规和政策"，而要具体写明所依据的法规、政策的条款。

审计决定是发给被审计单位执行的，具有一定的法律效力，因此用词必须严谨，绝对不能使用"大概""大约""可能""左右"等模棱两可的词。

5.5.3 范文模板

关于××××机电厂财务收支违纪问题的审计决定

××××机电厂：

自××××年××月××日至××××年××月××日，市审计局对你单位进行了审计。现根据《中华人民共和国审计法》第四十条和其他有关法律法规，作出如下审计决定：

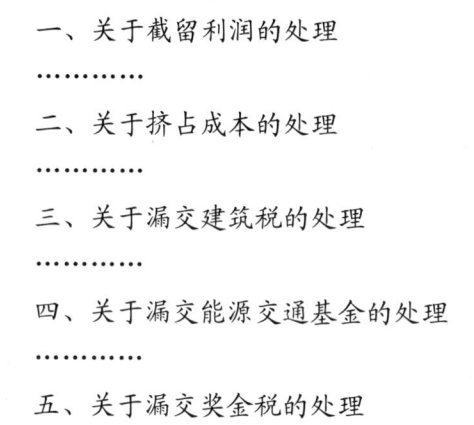

一、关于截留利润的处理

…………

二、关于挤占成本的处理

…………

三、关于漏交建筑税的处理

…………

四、关于漏交能源交通基金的处理

…………

五、关于漏交奖金税的处理

…………

本决定自送达之日起生效。你单位应当自收到本决定之日起××日内将本决定执行完毕，并将执行结果书面报告给××市审计局。

如果对本决定不服，可以在收到本决定之日起××日内，向××市审计局申请复议。复议期间本决定照常执行。

××市审计局
××××年××月××日

5.6 审计移送处理书

审计组完成审计后，应当由其他有关部门纠正、处理、处罚或者追究有关责任人员行政责任、刑事责任的，需要审计机关出具审计移送处理书，所以，审计移送处理书是审计机关对审计中发现的依法应当由其他有关部门纠正、处理、处罚或者追究有关责任人员行政责任、刑事责任的书面文件。

审计移送处理书适用于下列情形：其一，被审计单位转移、隐匿、篡改、毁弃会计凭证、会计账簿、会计报表或转移、隐匿非法取得的资产，审计机关认为应当追究其主管人员或其他责任人员刑事责任的；其二，被审计单位违反国家规定的财政收支、财务收支行为已构成犯罪，审计机关认为应当追究为对其负有直接责任的主管人员和其他责任人员刑事责任的；其三，被审计单位和有关单位拒绝、拖延提供与审计事项有关的资料，或者拒绝、妨碍检查，审计机关认为应当追究对其负有直接责任的主管人员和其他责任人员刑事责任的；其四，报复、陷害审计人员已构成犯罪，审计机关认为应当追究其刑事责任的；其五，审计人员滥用职权、徇私舞弊、玩忽职守已构成犯罪，审计机关认为应当追究其刑事责任的。

审计移送处理书应写明责任人员的违法犯罪事实，以及移送处理的理由。如果审计机关已对责任人员进行了经济处理，那么应同时写明情况。审计移送处理书应附有相关证明材料。

5.6.1 格式写法

审计移送处理书一般由标题、称谓、正文、附件、落款五部分组成。

1. 标题

审计移送处理书的标题有两种写法：一是由审计机关名称、事由和文种组成，如"××××审计局关于××××的审计移送处理书"；二是省略审计机关名称，由事由和文种组成，如"关于××××的审计移送处理书"。

2. 称谓

称谓，即对主送机关的称呼。审计移送处理书的主送机关一般为所移送机关。

3. 正文

审计移送处理书的正文一般由引言、主体和结尾三部分组成。

（1）引言。引言部分主要用来概述专项审计调查中发现的被审计单位或个人的涉嫌犯罪、违法违规或者违纪行为的事实，例如："我局在××××审计中发现……具体情况如下："

（2）主体。主体是审计移送处理书的重要部分，其内容一般包括：依法需要移送有关主管机关或者单位纠正、处理处罚或者追究有关人员责任事项的事实、定性及其依据和审计机关的意见；移送的依据和移送处理说明。

（3）结尾。结尾一般采用惯用语，例如："根据《中华人民共和国审计法》的规定，现移送你单位依法处理。请将立案情况及查处结果及时书面告知我局。"

4. 附件

附件，即相关证明材料。

5. 落款

落款处应注明审计机关全称，加盖公章，并注明发文日期。

5.6.2 写作注意事项

在撰写审计移送处理书时，要注意正文的主体部分，因为根据所移送机关的不同，其有不同的写作要求：当所移送机关为检察机关、公安机关时，在审计移送处理书中应列明涉嫌犯罪单位的名称、性质或者人员的姓名、身份，涉嫌犯罪行为的事实、情节、涉案金额，涉嫌犯罪行为所造成的后果等；当所移送机关为纪检监察机关时，在审计移送处理书中应列明违规违纪单位的名称、性质或者人员的姓名、身份，违规违纪行为的事实、情节、涉案金额，违规违纪行为所造成的后果等；当所移送机关为主管部门或者政府时，在审计移送处理书中应列明违法违规单位的名称或者人员的姓名，违法违规行为的事实、情节、违规金额，违法违规行为所造成的后果，定性、处理依据的名称、条文序号及其具体内容。

如果因审计手段有限或者其他原因未能进一步查明的，注明"因审计手段有限难以查清"等字样，并说明存在的重大疑点等情况。

5.6.3 范文模板

关于××××的审计移送处理书

××××：

我局在对××××的审计过程中，发现……现根据《中华人民共和国审计法》等有关规定，移送你单位予以处理。具体情况如下：

……………

根据《中华人民共和国审计法》的规定，现移送你单位依法处理。请将立案情况及查处结果及时书面告知我局。

附件：（略）

××市审计局
××××年××月××日

5.7 审计工作总结

  审计工作总结，是审计机关和审计人员在完成一项审计工作或一个阶段的工作后，围绕审计工作的全过程，对审计工作的指导思想、审计人员的工作作风和方法、审计结论、审计制度等方面进行分析、研究、评价，从中发现经验、教训及某些工作规律等，最后将其条理化后所形成的书面报告材料。

  通过审计工作总结，人们可以把零散、肤浅的感性认识上升为系统、深刻的理性认识，得出科学的结论，从而发扬优点，克服缺点，吸取经验教训，使今后的审计工作少走弯路。

  按审计工作总结所涉及的内容范围，可将其分为综合性审计工作总结和专题性审计工作总结。

  （1）综合性审计工作总结是对某一时期的几项主要审计工作做出归纳、分析，肯定成绩和经验，找出不足和教训，如年度审计工作总结、季度审计工作总结等。这类审计工作总结一般涉及面比较广，反映的问题比较全面。

  （2）专题性审计工作总结主要是对某一项审计工作的情况进行专门的总结，这类总结一般涉及面比较窄，反映问题比较具体、集中。

5.7.1 格式写法

  通常情况下，审计工作总结由标题、称谓、正文、落款四部分组成。

1. 标题

审计工作总结的标题一般由审计机关名称、时限、总结内容和文种组成，如"××县审计局××××年审计工作总结"；或者省略时限，如"××县审计局审计工作总结"；或者省略审计机关名称，如"××××年上半年审计工作总结"；或者直接写文种，即只写"审计工作总结"即可。审计工作总结的标题还可以使用双标题写法，即由主标题和副标题组成，其中，主标题由一个主题词或主题句组成，副标题由审计机关名称、时限和文种组成。

2. 称谓

称谓要写主送机关的全称或规范化简称。

3. 正文

审计工作总结的正文由引言、主体、结尾三部分组成。

（1）引言。引言一般将审计的时间、地点、进程和完成情况做一些扼要的交代。引言往往是全文的纲，所以在撰写时应以精练、概括为好。

（2）主体。正文的主体是审计工作总结全篇的重点，其内容一般包括审计工作的基本情况、成绩和经验、问题和教训，以及今后的打算。这部分篇幅大、内容多，要特别注意层次分明、条理清晰。

下面我们来看一看审计工作总结主体部分常见的结构形式。

①横向并列式。这种结构形式是把主体分成两大部分：第一部分先集中摆情况，诸如基本情况、主要做法、成绩、存在的问题等；第二部分集中谈体会，包括经验、教训及今后的打算。这两大部分横向并列，其间可以用小标题分别说明各部分的内容，形成平行排列的段落层次。这种结构形式，比较适合用来写专题性总结，因为专题性总结反映的面一般较窄，不要求全面铺开，只需要集中在几个问题上把情况说清楚即可。

②总分总式。这种结构形式一般是这样运用的：先概述总体情况；再分若干项工作或一项工作的若干方面依次总结，对每项工作或每个方面都要把做法、成绩、经验、教训等写清楚；最后再集中对各项工作进行综合分析、评价，并写出今后的打算。这种先总后分再总的结构形式适合用来写综合性审计工作总结。

③分段叙述式。这种结构形式是按基本情况、成绩和经验、问题和教训、今后的打算等内容依次叙述。这种结构形式有利于我们根据需要对所写

内容有所侧重和省略，因而较适合用来写综合性审计工作总结。

（3）结尾。结尾是正文的收束，应在总结经验、教训的基础上，提出今后的工作方向，表明工作决心，并展望前景。有些审计工作总结在主体部分已将这些内容表述过了，就不必再写结尾。

4. 落款

上报的审计工作总结必须有落款，即注明审计机关名称和成文日期；但如果是在报刊上发表的审计工作总结，那么只要注明审计机关名称即可。

5.7.2　写作注意事项

撰写审计工作总结要以党的方针政策为准则，对审计工作进行分析，抓住其中的主要矛盾，总结经验和教训，得出正确的结论。

审计工作总结的内容必须完全忠于审计工作中的客观实践，其材料必须以客观事实为依据，只有这样才能使其真实、客观地反映情况。

审计工作总结的选材不能太多，而要根据实际情况和总结的目的，分清主次，把那些既能显示本单位、本部门特点，又具有一定普遍性的材料作为重点选材。

审计工作总结要有独到的发现、独到的体会、新鲜的角度、新颖的材料。

5.7.3　范文模板

××县审计局××××年审计工作总结

××××：

××××年，××县审计局在县委、县政府和上级审计机关的正确领导下，围绕高质量建设新时代××××的宏伟蓝图，依法履行审计监督职责，加大审计力度，稳步推进审计全覆盖，强化审计服务指导，抓好内部管理建设，提升审计社会形象，取得了较好的工作成绩。

一、依法履职，强化审计监督

（一）维护财经秩序，加强预算执行审计。……

（二）规范权力运行，加强经济责任审计。……

（三）维护政令畅通，加强政策跟踪审计。……

（四）关注热点焦点，加强民生资金审计。……

（五）提高资金使用效益，加强政府投资审计。……

（六）强化跟踪问效，加强审计整改。……

（七）围绕中心大局，加强服务指导工作。……

二、强基固本，加强内部管理

（一）致力于政治过硬，筑牢思想阵地。……

（二）致力于作风过硬，建设清廉机关。……

（三）致力于精细管理，强化队伍建设。……

（四）致力于文明形象，推进市级文明单位复评。……

三、存在的主要问题

（一）审计干部的凝聚力、战斗力、向心力还需加强。……

（二）审计干部队伍建设有待加强。……

（三）创新意识不够突出。……

……

××县审计局

××××年××月××日

第6章 招标投标类文书

招标投标是当前很流行的经济活动方式,而作为其载体的招标投标类文书,在生产经营、科学研究、工程建筑、大宗物品采购、技术服务等方面的应用也越来越广泛,作用也越来越大。那么,掌握招标投标类文书的格式、写法,是从事经济工作的人必须具备的一种能力。

常用的招标投标类文书有招标章程、招标公告、招标邀请书、招标书、投标申请书、投标书、中标通知书等。

6.1 招标章程

招标章程是招标活动的纲领性文件,它明确了招标宗旨、招标范围、招标要求、招标方式、招标程序等,对于招标方和投标方都有很强的约束力。

6.1.1 格式写法

招标章程一般由标题、正文、附件、落款四部分组成。

1. 标题

招标章程的标题一般由招标单位名称、招标项目和文种组成,如"××××公司办公大楼改建招标章程"。

2. 正文

招标章程的正文由引言和主体两部分组成。

(1)引言。引言部分主要用来说明招标宗旨。

(2)主体。主体部分通常包括以下几个方面的内容。

①招标管理：说明招标管理机构、规定程序和保密措施。

②招标：说明招标方式。

③投标：说明投标条件、投标方法和投标期限。

④开标：说明开标时间、开标方式和开标程序。

⑤中标：说明对中标单位的最终确定。

⑥合同：说明签约要求。

⑦其他需要补充的事项。

3. 附件

招标章程一般都有附件，其主要内容是对招标活动的详细说明。

4. 落款

招标章程的落款处要注明招标机构的全称和成文日期，并加盖公章。

6.1.2　写作注意事项

由于招标章程是招标活动的依据，对整个招标工作具有指导作用，因此在撰写招标章程时，需要注意其内容的完整性、逻辑性和表达的准确性、严密性。

6.1.3　范文模板

××××公司招标章程

一、宗旨

第一条　为了加强企业的经营管理，提高产品的质量，降低成本，对××××产品外购件、外协件采取公开招标，特制定本招标章程。

二、招标管理

第二条　由招标单位有关负责人组成领导小组，成立招标办公室，指派专人处理具体工作。

第三条　严格执行招标的规定程序和保密原则，尊重投标单位的合法权益，投标箱在公证员监督下密封，投标函件一律投入密封箱内保存，待开标时开封。

三、招标

第四条 在国内公开招标，可采用登报或广告的形式，也可采用向对口单位发布书面通知的形式。

第五条 招标单位必须向投标单位提供下列资料：

1. 产品的名称、规格、质量、数量及交货期；
2. 产品图纸及技术材料；
3. 招标文件及规定格式的投标表格。

四、投标

第六条 投标条件：凡具有法人资格和具有招标项目的生产能力者（包括材料、设备及相适应的技术条件），均可投标。

第七条 投标方法：投标单位按照招标要求，向招标单位购买招标文件及有关技术资料，填写招标文件（附件一：投标企业资格表；附件二：投标价格表；附件三：投标商业条件表；附件四：单位技术资料）。署名人签名，加盖公章密封，面交或挂号邮寄××××公司招标办公室。

第八条 投标函件必须书写清楚，在××月××日至××月××日期间投标，超过截止日期投标者无效。

五、开标

第九条 开标时间：在投标截止日期后7～15天内开标。

第十条 开标方式：在招标单位请公证机关公证员、法律顾问、企业主管单位领导，以及自愿参加的投标单位代表见证的情况下开标。

第十一条 开标程序：招标单位负责人主持开标，由公证员按公证程序进行监督。

1. 查验投标箱密封；
2. 开箱；
3. 清点投标件数；
4. 拆封、编号；
5. 按招标项目、名称、价格公开唱标，分类登记；
6. 评选小组评议（投标单位代表不得参加），由公证员听取评议，以质量优良、价格优惠为主，参考运费和其他条件，评选1～5户为预选中标单位；
7. 单位负责人公布开标结果，宣布预选中标名单；

8．公证员宣读公证书，发表公证，对预选中标名单予以确认。

六、中标

第十二条　预选中标单位均为预选中标户，由招标单位发给其预选中标通知，并约定日期、地点协商谈判。若预选中标户在通知的期限内无承诺响应，则视为弃权。

第十三条　与预选中标户协商谈判后，经依次逐一验证，协商比较，综合分析，以质量、价格、交货期、运输条件最佳者为最后中标单位，发给其中标通知书，提出要约。

第十四条　对未中标单位，招标单位不另发通知，但可接受落标单位查询。

七、合同

第十五条　招标单位在选定中标单位后，发给中标单位签约函件，中标单位必须按签订合同的法定手续，如期前来协商，且依照《中华人民共和国合同法》的规定，签订经济合同。合同签订后，签约双方必须严格遵守合同规定，违约者必须承担经济、法律责任。

签订经济合同的双方或一方要求公证机关公证的，应申请公证。

八、其他

第十六条　本章程如有与国家政策法令相抵触的地方，以政策法令为准。本章程未尽事宜，在执行中可补充修正。

附件一：投标企业资格表

附件二：投标价格表

附件三：投标商业条件表

附件四：单位技术资料

$\qquad\qquad\qquad\qquad\qquad\qquad$××××公司招标办公室

$\qquad\qquad\qquad\qquad\qquad\qquad$××××年××月××日

6.2 招标公告

招标公告是指招标单位或招标人在进行科学研究、技术攻关、工程建设、合作经营或大宗商品交易时，公布标准和条件，提出价格和要求等项目内容，以期从投标单位或投标人中选择承包单位或承包人的一种应用文书。

招标公告的种类有很多，按照不同的分类方法可以分为不同的种类：按照招标的内容来划分，可以分为建筑工程招标公告、劳务招标公告、企业承包招标公告、企业租赁招标公告等；按照招标的范围来划分，可以分为国际招标公告、国内招标公告、系统内部招标公告、单位内部招标公告等。

6.2.1 格式写法

招标公告是公开招标时发布的一种周知性文书，应当通过国家指定的报刊、信息网络或者其他媒介发布。招标公告通常由标题、正文、落款三部分组成。

1. 标题

招标公告的标题在形式上可分为单标题和双标题。

单标题有两种写法：一是完整式标题，由招标单位名称、招标项目和文种组成，如"××××集团公司劳务招标公告"；二是省略式标题，省略招标单位名称或招标项目，或者二者均略去，只写文种，如"××××集团招标公告""××××工程招标公告""招标公告"等。

双标题包括主标题和副标题，其中主标题由招标单位名称和文种组成，副标题由招标项目组成，如"××××进出口公司国际招标公告——××××配套工程"。

2. 正文

招标公告的正文应当写明招标单位的名称和地址、招标项目的性质和数量、开标的时间和地点，以及获取招标文件的方法等各项内容，其写作结构一般由引言和主体两部分组成。

（1）引言。引言部分要写明招标项目的名称、招标目的、招标依据等。

（2）主体。主体是招标公告的核心部分，也是最重要的部分。这部分要体现招标的具体内容和项目事宜，包括招标项目的基本情况、招标要求、整个招标活动的情况等事项，通常采用条文式或分段式结构。

其中，招标项目的基本情况主要包括：招标项目的名称，比如，工程名称或要采购的商品的名称；项目的主要情况，比如，工程概况、规模、质量要求，或大宗商品的型号、数额、规格等；招标要求，即什么条件的投标单位才符合招标单位的要求，了解此事项可以使潜在的投标单位明确自己是否能成为投标单位。整个招标活动的情况主要包括：招标的起止日期，投标单位购买招标文件的时间、价格和方式，开标的时间和地点，签约的时间和期限，项目开工的时间或时限等。

（3）结尾。结尾需要写上招标单位的联系方式。

3．落款

在落款处注明招标单位名称、招标公告的发布日期。

6.2.2 写作注意事项

招标公告的层次要清楚，表达要明确，能够让人清晰地了解其中的信息。

6.2.3 范文模板

××××集团招标公告

根据《中华人民共和国政府采购法》及相关法律法规和规章的规定，××××受招标单位委托，对××××项目进行国内公开招标，现诚邀合格的投标单位参加投标。

1．招标项目概况

……………

2．投标单位资格要求

2.1 本次招标要求投标单位具备××××资质，拥有××××业绩，并在人员、设备、资金等方面具有相应的施工能力。

2.2 本次招标××××（接受或不接受）联合体投标。联合体投标的，应满足下列要求：……

2.3 各投标单位均可就上述标段中的××××（具体数量）个标段投标。

3. 招标文件的获取

3.1 凡有意参加投标者，请于××××年××月××日至××××年××月××日（法定公休日、法定节假日除外），每日上午××时至××时，下午××时至××时（北京时间），在××××（详细地址）持单位介绍信购买招标文件。

3.2 招标文件每套售价××××元，售后不退。图纸押金××××元，在退还图纸时退还（不计利息）。

3.3 邮购招标文件的，需另加手续费（含邮费）××××元，招标单位在收到投标单位介绍信和邮购款（含手续费）后××日内寄送。

4. 投标文件的递交

4.1 投标文件递交的截止时间（投标截止时间，下同）为××××年××月××日××时××分，地点为××××。

4.2 逾期递交的或者未递交到指定地点的投标文件，招标单位不予受理。

5. 发布公告的媒介

本次招标公告同时在××××（发布公告的媒介名称）上发布。

6. 联系方式

招标人：××××	招标代理机构：××××
地址：××××	地址：××××
邮编：××××	邮编：××××
联系人：×××　×××	联系人：×××　×××
电话：××××	电话：××××
传真：××××	传真：××××
电子邮件：××××	电子邮件：××××
网址：××××	网址：××××
开户银行：××××	开户银行：××××
账号：××××	账号：××××

××××

××××年××月××日

6.3 招标邀请书

招标除了在媒介上刊登招标公告外，还可以由招标单位邀请特定的法人或者其他组织投标。邀请招标能较好地保证投标单位的质量，一些重大工程往往用这种办法招标。凡被邀请的单位，一般均应属于规模较大、财力雄厚、技术力量强、质量可靠的大中型企业，招标单位向他们发出邀请，可以有效地保证投标单位的质量，从而为保证工程质量打下基础。

邀请招标所使用的文书是招标邀请书。招标邀请书是在招标单位对投标单位事先调查了解的基础上发出的，因此，招标邀请书具有增强针对性的作用。

6.3.1 格式写法

招标邀请书由标题、称谓、正文、落款四部分组成。

1. 标题

招标邀请书的标题较招标公告简单，只写文种即可，即"招标邀请书"。

2. 称谓

称谓，即对被邀请单位的称呼，须顶格写。

3. 正文

招标邀请书的正文主要包括引言、主体和结尾三个部分。

（1）引言。引言部分用来说明招标目的、招标依据及招标项目的名称，并对被邀请单位表示赞赏和肯定，再用"现将有关事宜函告如下"等惯用语引出主体部分。

（2）主体。主体部分主要用来说明招标项目所要求的条件及一些其他事项。如果已经有了招标公告，就不需要再赘述具体事项，只需要写上"随邀请书附上《××××招标公告》"即可。

（3）结尾。结尾部分需要写上招标单位名称和地址、联系人姓名、联系电话、邮政编码等，方便有意向的投标单位与招标单位取得联系。

4. 落款

落款处须注明招标单位名称、成文日期，并加盖公章。

6.3.2 写作注意事项

在撰写招标邀请书时，用词一定要礼貌，行文要有尊敬之意。

招标邀请书的内容要详细，各种事宜一定要在其中显示出来，使邀请对象能够有备而来，减少不必要的麻烦。

招标邀请书应写明招标活动的具体日期。

6.3.3 范文模板

招标邀请书

××××建筑总公司：

××××地铁工程是我市××××年重点计划建设项目，经××省委办公厅的同意，决定采用招标的办法进行发包。

贵公司从事地铁建设工程多年，工程完成得好，质量可靠，对此，我们表示赞赏。

随本邀请书邮寄《××××地铁工程施工招标公告》一份。若愿意参与投标，请于××××年××月××日至××月××日到××××饭店×××楼第××××号房间领取投标文件，并按规定日期，准时参加投标。

招标单位：××省××市××××局招标管理办公室
地址：××市××××局××号楼××××室
联系人：×××、×××
联系电话：××××
邮政编码：××××

××省××市××××局招标管理办公室
××××年××月××日

6.4 招标书

招标书是招标单位用以公布拟建工程项目或拟购大宗商品的内容、条件、标准等的文书，它用来征召和优选承包单位。

招标书是在招标工作进行时相关人员必须遵守的具有法律效力且可执行的标准文件。它可以提供招标工作的全面情况，便于投标单位做好准备工作；同时，它也可以用来指导招标单位开展招标工作；另外，它也是评标时最重要的依据。

6.4.1 格式写法

招标书一般由标题、正文两部分组成。

1. 标题

招标书的标题主要有四种写法：一是由招标单位名称、标的名称（事由）和文种组成，如"××市××××设备安装工程招标书"；二是由招标单位名称和文种组成，如"××市××××处理厂筹建处招标书"；三是由事由和文种组成，如"设备安装工程招标书"；四是直接写文种，即只写"招标书"即可。

2. 正文

招标书的正文包括引言、主体和结尾三部分。

（1）引言。引言部分应写明招标项目名称、招标依据、招标目的、招标范围和项目规模。视具体情况而定，有的招标书可以省略引言。

（2）主体。主体部分应写明招标方式（公开招标、内部招标、邀请招标）、招标范围、招标程序、招标要求及其他注意事项等内容。主体部分的格式一般采用条文式，也可采用表格式。

主体部分的具体格式如下：

首先，写明招标单位或项目的概况，让投标单位了解招标单位或项目的基本情况，进而考虑自身是否具备投标条件。

其次，写明投标方式、招标项目的具体要求、招标范围等应让投标单位知晓的一切事项。不同招标书的具体内容是不同的。如商品招标书要求标明商品的名称、数量、规格、价格等；科技项目招标书则要求写明招标原则、研究开发目标、研究开发内容、经济技术指标及研究开发的进度、成果、经费等各项要求。

最后，写明招标的起止时间、议标时间、招标地点等。

（3）结尾。结尾部分应写明招标单位的全称、地址、联系电话、传真、电子邮箱及招标书的成文日期等。

6.4.2　写作注意事项

招标书中引用的标准和技术规格应尽可能采用国家标准、部颁标准或国际上认可的标准。

招标书的内容要重点明确、全面周密，其中涉及的方案要既科学、先进，又适度、可行。

招标书中的语言要简明、准确、精练；其中，对技术规格、质量要求的表述要绝对准确；行文要逻辑性强，不能前后矛盾、模棱两可。

6.4.3　范文模板

××××公司局域网楼内布线工程项目招标书

××××公司就总部局域网楼内布线工程项目进行公开招标，欢迎有同类工程经验的公司参加投标。具体内容如下：

一、招标内容

…………

二、技术要求

1. 符合布线工程要求的技术规范和施工规范。

2. 符合××××标准。

3. 网线、配线架、理线器、全套信息座、××××水晶头及护套均要求为××××超五类产品。

4. ××××上面均要有清晰永久的位置标签。

5. 各种线槽、管材要质量可靠、经久耐用。

三、施工注意事项

要求避开上班时间，在晚上10时至早上7时施工。

四、验收方式

由公司组织工程验收。要求施工方提供的布线工程文档齐全，提交布线工程图，包括每楼层的布线平面图、配线架与信息插座对照表……

五、维护要求

项目验收合格后，要求免费维护一年。

六、付款方式

项目验收合格后，支付合同总金额的××%，剩余款项一年内付清。

七、公布标书时间

××××年××月××日

八、投标截止时间

××××年××月××日

九、议标时间

××××年××月××日

十、招标地点

…………

招标单位：××××公司

地址：××省××市××××路××号

联系人：×××　×××

联系电话：××××

传真：××××

电子邮箱：××××

日期：××××年××月××日

6.5　投标申请书

投标申请书是投标单位在招标公告规定的时间内递交的表达参与竞标意愿的文书，它为招标单位审定投标资格提供了依据。只有在投标申请获准后，才能拟写投标书，参加竞标。

6.5.1 格式写法

投标申请书的篇辐一般比较短，一般由标题、称谓、正文、附件、落款五部分组成。

1. 标题。

投标申请书的标题有两种写法：一是由投标项目和文种组成，如"××××大学教学楼工程投标申请书"；二是直接写文种，即只写"投标申请书"即可。

2. 称谓

称谓，即对招标单位的称呼。在标题下隔行顶格写上招标单位的名称，末尾加冒号，书写时要求使用招标单位的全称或规范化简称。

3. 正文

投标申请书的正文只须用简洁的文字直接写明承诺事项即可；有时也可根据需要简单介绍一下投标单位的优势及要求招标单位配合的事项等。

4. 附件

附件是投标申请书最重要的部分，主要内容是对投标单位投标资格的详细说明，包括介绍投标单位的基本情况及其与招标项目有关的经历、资历、能力等。

5. 落款

落款处需要注明投标单位名称或负责人姓名、申请日期，并需要签名盖章。由于投标属于重要的经济活动，故需要双重签名盖章，即投标单位加盖公章、法定代表人签字盖章。

6.5.2 写作注意事项

在撰写投标书时，应实事求是、具体清晰、准确准时。

6.5.3　范文模板

投标申请书

××××：

　　我方经过认真审阅××××（招标单位名称）的××××招标文件，已明确知晓所有文件之条款，完全了解项目有关情况，现申请参加上述项目招投标活动，在提交本申请书的同时，已按照招标文件的要求将投标保证金××××元汇入指定账户，若报名获得通过，我方郑重承诺如下：

　　一、对招标文件（含答疑、补充文件）的所有条款无异议，并全部接受。

　　二、依法参与该项目招投标活动，杜绝围标串标、弄虚作假等违法违规行为。

　　三、按时递交投标文件。

　　四、若被确定为中标候选单位或中标单位，将不放弃中标候选单位或中标单位资格，按照招标文件与招标单位签订有关合同、协议。

　　五、按时付清招标文件规定的有关费用。

　　六、若我方违反上述承诺，贵方可取消我方投标单位或中标单位资格，投标保证金不予退还，相关行业主管部门可依法予以处罚，给招标单位造成损失的，依法承担赔偿责任。

　　附件：（略）

××市××××公司
法定代表人：×××
××××年××月××日

6.6　投标书

　　投标书是投标单位在递交投标申请书，并经资格审查合格后，依照招标书中提出的条件和要求撰写的文字材料。它是招标、投标活动的中心文书，也是中标后制定实施方案的基础。投标书主要用来向招标人提出承包大宗商品交易，或承包某项工程项目等。

投标书具有竞争性，它的各项经济指标具有严格的法律约束力。

招标单位之所以招标，是为了利用投标者之间的竞争，优选合作对象，这其中就包含时间、效率的竞争。招标一般都有时限，所以投标一定要讲究时效，要在规定的时限内完成并送交投标书，这样才有资格进入投标范围。

6.6.1 格式写法

一般来说，投标书由标题、称谓、正文、附件、落款五部分组成。

1. 标题

投标书的标题一般有四种写法：一是由投标单位名称、投标项目和文种组成，如"××××建筑公司承建××××商场改扩建项目工程投标书"；二是由投标项目和文种组成，如"××××工程投标书"；三是由投标单位名称和文种组成，如"××××单位投标书"；四是直接写文种，即只写"投标书"即可。

2. 称谓

称谓，即对招标单位的称呼。

3. 正文

投标书的正文由引言、主体、结尾三部分组成。

（1）引言。引言部分要开宗明义，提纲挈领，也就是说，要以简练的语言说明投标的依据、目的或者指导思想，要表明投标意愿。

（2）主体。主体部分应紧紧围绕招标书提出的目标、要求，应对招标文件提出的实质性要求和条件做出响应。主体的内容主要包括：投标单位现状及其具备的投标条件；投标单位目前所做的工作及中标后的承诺；总报价限价；预计完成招标项目的时间；质量标准和保证措施；拟用于完成招标项目的机械设备；等等。

（3）结尾。结尾部分可以自然收束，也可以简洁地表达一下投标单位参与投标的决心和信心。

5. 附件

投标书的附件一般包括资格审查文件、工程量清单、投标报价表、分项标价明细表、材料清单、技术规格表、有关图纸和表格、担保单位的担保书等。

投标书的附件应根据需要和实际情况而定。投标书的正文和附件是相互配合的，如果投标书的内容不是很庞杂，大部分内容可在正文中表述清楚，附件就可以减少；如果投标书的内容很多，如果都写入正文的话，会影响正文层次的清晰度，那么就可以用多个附件来分别囊括这些内容。正文和附件的内容布局，需要撰写者视情况而定。

6. 落款

投标书的落款包括投标单位名称、联系方式、法定代表人姓名等内容，位置在正文的右下方。

6.6.2 写作注意事项

在撰写投标书时，一方面要遵守国家对招标、投标工作的有关规定，体现国家的方针政策；另一方面要执行国家颁布的技术规范和质量标准。

在撰写投标书前必须先进行调查研究，准确把握市场行情，对投标项目进行科学的可行性论证。

撰写投标书最核心的要点是要逐条响应招标书，不能有遗漏。换句话说，投标书中的具体内容，如目标、造价、技术、设备、质量、安全措施、进度等，都要按照招标书的要求予以明确，使招标单位能看出投标单位的投标意愿和投标能力。

投标书中的表述必须明确、具体、全面、周密，以免有所疏漏或中标后引起经济纠纷。

6.6.3 范文模板

投标书

××××公司：

一、根据已收到的××××项目的竞争性谈判文件，我方经考察现场和研究上述采购项目竞争性谈判文件的投标须知、合同条件、技术规范和其他有关文件后，我方愿……按上述合同条件、技术规范的条件承包上述项目供货。

二、一旦我方成交，我方保证供货周期为××天，且质量标准达到××××标准。

三、将按招标文件的规定、要求及我方投标文件的承诺，按期、按质、按量履行责任和义务。

四、除非另外达成协议并生效，你方的中标通知书和本投标文件将构成约束我们双方的合同。

五、我方金额为××××元人民币的投标保证金与本投标书同时递交。

六、我方已详细审查全部竞争性谈判文件，包括修改文件及全部其他资料和附件。我方完全理解并同意放弃对这一切有不明及误解的权利。

七、我方同意提供贵方可能要求的与投标有关的一切数据和资料，完全理解你方不一定接受最低价投标或收到的任何投标。

八、我方愿遵守竞争性谈判文件中关于招标代理服务费的规定。

九、货物供货地点：××××大学院内。

十、本投标文件共××页。

附件：（略）

供应商：××××

单位地址：××××

法定代表人：×××

邮政编码：××××

电　　话：××××

传　　真：××××

银行账号：××××

××××年××月××日

6.7 中标通知书

中标单位确定后，招标单位应当向中标单位发出中标通知书，并同时将中标结果通知所有未中标的投标单位。中标通知书是招标单位在确定中标单位后，通知其中标的书面凭证。

6.7.1 格式写法

中标通知书一般由标题、称谓、正文、附件、落款五部分组成，与一般公文相近，因此，撰写者可参考公文中通知的写法。

1. 标题

中标通知书的标题一般有两种写法：一是由招标项目和文种组成，如"关于××××铁路××段至××段站前工程施工招标中标通知书"；二是直接写文种，即只写"中标通知书"即可。

2. 称谓

称谓，即对中标单位的称呼，于标题下方顶格写。

3. 正文

正文由引言、主体和结尾三部分组成。

（1）引言。引言部分说明评标依据和评标结果，明确通知事项。

（2）主体。主体部分具体说明中标内容和要求，交代下一步的有关事宜，如签订合同或协议。

（3）结尾。结尾部分常以惯用语"特此通知"作为结束语。

4. 附件

如果中标通知书带有附件，请在正文之后标明。

5. 落款

落款处应注明招标单位名称和发文日期，并加盖公章。

6.7.2 写作注意事项

中标通知书的内容应当简明扼要，只要告知对方其已中标，并确定签订合同的时间、地点即可。

6.7.3 范文模板

关于××××铁路××段至××段站前工程施工招标中标通知书

××××工程局、××××工程局、××××工程局：

在××××具体指导下，经我局招标领导小组扩大会议评议并报部里批准，××段至××段（含××××联络线）站前工程，由××××工程局、××××工程局、××××工程局分段中标，共同承担施工。具体分段里程为：

…………

请各中标单位按上述分段，仍以技术设计文件为准，计算出管段内的工作量，采用标书中报价单的形式，分项按各自的综合单价（临时工程费及其他费用按全线长为××××公里计算出的公里指标）计算各局的包价，在××月上旬前，送我局××××基建发包组，核定包价。根据××××对技术设计的批复及降低××××铁路工程造价措施所引起的变更（附××××批复及通知），以后另行修改包价。

特此通知。

附件：（略）

××××
××××年××月××日

第 7 章 税务金融类文书

税务金融类文书是经济文书的组成部分。税务类文书是指税务机关及纳税人编制和使用的具有实用价值和一定惯用格式的文书的总称；金融类文书是指金融、证券等行业制作和使用的一种经济文书。

7.1 税收分析报告

税收分析报告，又称税收计划执行情况分析报告，是从税务部门的角度出发，以准确的税务统计资料和有关情况为依据，运用统计特有的方法，研究和反映税收征收、税源变化等税收现象的内在联系和相关的社会经济现象、情况及问题的一种应用文书。

税收计划执行情况分析是观察、分析税收计划完成情况的一种手段，目的是及时反映税源变化和存在的问题，从而有效地把握税源变化和解决问题，不断提高税收管理水平。它是税收管理的重要内容和基础工作，是提升税收征管质量与效率的重要环节。

税收分析报告是税务部门了解税收进度、掌握税源底数、预测税收趋势、指导和推动税收工作的重要依据，也是领导部门考核、检查税务管理人员的主要手段之一。

税收分析报告除具有公务文书和应用文书的一些共性之外，它自身还有一些特性：

（1）以税收统计数据为主体。税收分析报告以大量的统计调查材料为基础，以数字为主要语言，并用统计表和其他统计分析方法直观地反映经济和税收的各种复杂联系，具有很强的针对性和科学性。

（2）运用专业的分析方法。税收分析报告以税务统计数据为主体进行分析、研究，同时，它还运用一系列专业的科学分析方法（如对比分析法、分组分析法、因数分析法、平均分析法等）来计算税收规模、构成、水平及比例等，并在量的计算基础上揭示出经济和税收的内在联系及其中的规律性。

（3）具有独特的表达方式和结构特点。税收分析报告的基本表达方式是用事实来叙述，用数字来说明，行文坚持实话实说、就事论事。它的结构特点是条理清晰，层次分明：首先，列出事实和数据；然后，用事实阐述道理，说明问题；最后，提出建议、办法和措施。

7.1.1 格式写法

税收分析报告一般由标题、正文、落款三部分组成。

1. 标题

税收分析报告的标题一般由税务机关名称、时间和文种组成，如"××××地税局××××年××月税收计划执行情况分析报告""××市地方税务局关于××××年税费收入完成情况分析报告"。

2. 正文

税收分析报告的正文由引言、主体和结尾三部分组成。

（1）引言。引言部分可以用简明扼要的语言说明税收的大体情况，也可以交代分析报告的目的和要求。

（2）主体。主体是税收分析报告的核心部分，一般如下行文：

首先，介绍具体情况。这部分主要用来说明分析对象（指标）本期税收计划完成情况及其特点，包括完成情况的文字说明和具体数字说明。

然后，评论和分析。详细来说，这部分的内容是这样的：运用科学的分析方法对报告所反映或说明的有关税收情况和数据进行系统的评论和分析。评论和分析的内容一般包括：本期和上年同期税收增减变化的特点与超收、短收的原因；税源变化情况；企业产供销问题及其对税收的影响；由财政税收政策和措施的实施而引起的税收变化；等等。

最后，归纳和建议。这部分主要用来对分析结果进行归纳，肯定其中的成绩，指出其中的问题，然后提出对未来的预测和相应的建议。它的具体内容一般包括：组织税收的主要经验、成绩和存在的主要问题及相应的处理措施；下期税源等因素的变化对税收计划执行情况的影响的预测；有效的建议；等等。

（3）结尾。结尾部分简要总结全文，或针对正文主体分析的情况提出意见或建议。

3．落款

在落款处要注明税务机关名称和成文日期，并加盖公章。如果在标题中已出现过税务机关名称，那么此处可省略。

7.1.2　写作注意事项

在撰写税收分析报告前，首先要收集丰富的材料，深入了解情况，为撰写报告打好基础；其次要认真选材，并对其进行深刻的分析；最后得出正确观点。

在撰写税收分析报告时，应抓住重点、突出特点，通过透彻的分析以得出令人信服的结论，切忌平铺直叙。

在撰写税收分析报告时，不仅要反映现象，更要抓住本质；不仅要提出问题，更要分析和解决问题。

在撰写税收分析报告时，用词要准确；语言要合乎语法规则，并尽量做到简明扼要、通俗易懂、生动活泼。另外要注意的是，在税收分析报告中，概念要清楚明了，判断要恰当合理，推理要正确合规。

7.1.3　范文模板

关于××××年税收收入情况的分析报告

××××年，税务部门在××××的领导下，认真贯彻党和国家的各项经济政策，积极推行××××改革，严格执行税收政策，努力促进生产，大力组织收入，超额完成了××××任务，为××××做出了积极的贡献。

占国家收入比重最大的工商税收，××××年比计划超收××%，比上年增长××%……

一、从××××年的收入情况看，与往年相比，有这样几个明显的特点：

（一）工商税收超收数额大，完成速度快。……

（二）各地都超额完成计划，实现"满堂红"。……

（三）商业、交通服务和海关代征的税收额大幅度增加。……

…………

二、经过初步分析，××××年税收收入完成好的原因主要是：

（一）经济发展是收入增加的基础。……

（二）根据经济体制改革的要求，积极进行税制改革，进一步发挥了税收的经济杠杆作用，增加了一些税收收入。……

…………

在新的一年里，税务部门肩负的组织收入任务更为繁重，各级税收部门一定要在认真总结经验的基础上，肯定成绩，找出差距，改进工作，切实做好××××年的税务管理工作。要认真执行税收政策，努力帮助企业增加生产，提高经营管理水平，积极开辟财源，加强征收管理，及时组织税款入库。要加强税源调查，及时分析收入变化情况，提出加强组织税收收入工作的措施，为完成和争取超额完成××××年的各项税收任务而努力奋斗，在新一年里做出新的更大的贡献。

××××
××××年××月××日

7.2 查账报告

查账报告是查账员向被查单位或委托查账单位报告查账经过和结果的书面文书。查账报告的作用是为税务机关决定征收所得税数额提供依据，说明企业的盈亏情况，以及监督企业经营活动的合法性和对财经法纪的遵守情况。

查账报告既可以作为向上级领导反映纳税人执行税收政策情况的书面报告，也可以作为纳税人办理补税的书面依据，因此，写好查账报告对于税收工作而言十分重要。

7.2.1 格式写法

查账报告的格式往往因查账的具体要求不同而有所不同，但大部分的查账报告由标题、正文、落款三部分组成。

1. 标题

查账报告的标题有两种写法：一是由被查单位名称、事由和文种组成，如"关于××××厂违反财经法纪的查账报告"；二是直接写文种，即只写"查账报告"即可。

2. 正文

一般来说，查账报告的正文由引言、主体、结尾三部分组成。

（1）引言。引言部分简要地说明查账的依据、目的、范围、要求和被查单位的概况。

（2）主体。主体部分根据查出的实际情况分析企业经营管理中存在的问题。

在这一部分，说明问题时不但要有观点，还要有可以作为依据的材料，特别是数据材料，然后用材料证明观点、用事实说明问题；同时还要说明导致问题出现的主观原因，指出并剖析问题所造成的危害。

（3）结尾。结尾部分提出改进的具体措施和建议。

3. 落款

落款处必须注明查账单位名称、查账员的姓名和发文日期，并加盖公章。

7.2.2 写作注意事项

在撰写查账报告时，要全面且具体地说明检查出的问题，之后，按照实事求是的原则提出相应的意见和建议。

在撰写查账报告时，要将事实与分析相结合，对事实进行合理归类，按归类后的事实进行分层阐述。

7.2.3 范文模板

关于××××厂财务收支情况的查账报告

根据××××指示，我所以×××为组长的查账小组，于××××年××月××日至××月××日对××××厂的财务收支情况进行了检查，现将所查问题报告如下：

一、存在的问题

1. 挥霍公款、请客送礼问题。……

2. 违反财经法纪、贪污公款问题。……

…………

二、改进意见或建议

查账结果表明，上述违反财经法纪的问题是严重的，性质是恶劣的，损害了全厂职工的利益。出现这些问题的主要原因是该厂有关领导放松了财务管理，财会人员法制观念淡薄。为防止今后发生类似事件，我们建议：

1. 对××××厂领导及财会人员加强财经法纪教育。……

2. 建立健全财务收支管理制度，将账外收入纳入账内核算。……

3. 对挥霍公款的有关人员，除要求其退赔外，还要进行处罚。……

4. 对贪污公款的出纳员×××，除要求其退赔贪污款项外，还要追究其法律责任。……

…………

特此报告。

××××会计师事务所
查账员：×××
××××年××月××日

7.3 查账证明书

查账证明书是查账员通过对会计核算资料的检查与分析，所出具的关于被查企业财务状况正确性和真实性的证明文书。查账证明书一般由处于第三者地位的注册会计师出具。

7.3.1 格式写法

查账证明书一般由标题、称谓、正文、附件、落款五部分组成。

1. 标题

查账证明书的标题就是文种，写法简单，只要写上"查账证明书"就可以了，一般不再附加其他部分。

2. 称谓

查账证明书的称谓，即对委托单位的称呼。

3. 正文

查账证明书的正文由引言、主体、结尾三部分组成。

（1）引言。查账证明书的引言部分有其特殊的惯用语，比如，"承你单位委托检查××××公司××××年度决算表……"。

（2）主体。主体部分旨在证明财务报表中数字指标的真实性和正确性，它是财务账面的技术性证明。这部分内容务必简洁准确，避免含混不清、模棱两可。

（3）结尾。结尾部分习惯写上"特此证明""此致"等惯用语。

4. 附件

如果查账证明书带有附件，需要附在正文后。

5. 落款

落款处必须注明查账单位名称、查账员的姓名和出具查账证明书的日期，并加盖公章。

7.3.2 写作注意事项

查账员必须坚持实事求是的原则，对违反国家政策和财经法纪，或者有弄虚作假，营私舞弊等不法行为的企业，不应出具查账证明书。查账证明书的行文要简练、明确，要用判断句表述证明事项。

7.3.3 范文模板

查账证明书

××××：

　　承你单位委托检查××××公司××××年度决算表，业已根据该公司有关账册凭证，按委托书要求及一般会计原则进行了检查。其中需要调查对证的事项，已通过征询有关方面得以解决。由于会计处理不恰当而影响财务指标的部分，也做了必要调查，并重编决算表一份（见附件）。本会计师认为重编后的决算表所列指标，比较正确地反映了该企业××××年度的财务状况及经营成果。特此证明。

　　此致

　　附件：（略）

××××会计师事务所
查账员：×××
××××年××月××日

7.4 纳税检查报告

纳税检查报告是税务机关对纳税单位纳税情况进行检查后所做的结论性文书。作为税收工作的重要应用文书，纳税检查报告是在完成查账任务与对纳税记录的综合和整理后所做出的小结性的书面材料。纳税检查报告既可以反映企业执行税收政策和财务管理制度方面的情况，指出问题，提出建议，从而有助于企业改善经营管理，堵塞纳税漏洞，提高依法纳税和执行财务制度的自觉性；也可以使税务机关针对税收征管工作中的薄弱环节采取措施，改进工作，从而提高税收征管水平。

纳税检查报告具有以下两个特点：

（1）法制性。纳税检查报告的全部内容，包括检查过程的记载、处理意见的陈述等，都必须体现国家税收法律法规的精神。国家税收法律法规，既是检查纳税人纳税情况的标准，也是税务机关对纳税单位提出处理意见的依据。

（2）权威性。纳税检查报告一经税务主管机关认定和批准，便具有权威性。在纳税检查报告中提出的各项处理意见，诸如补缴税款、加收滞纳金、酌情罚款、移送司法机关等，一经税务主管机关批准，便应付诸实施，任何人无权更改或拒绝执行，否则，纳税单位会受到更加严厉的处罚。

纳税检查报告的种类比较多，从内容上划分，有全面纳税检查报告和单项纳税检查报告；从形式上划分，有表格式纳税检查报告和文字说明式纳税检查报告。

7.4.1　格式写法

由上可知，纳税检查报告可以分为表格式纳税检查报告和文字说明式纳税检查报告两种。

表格式纳税检查报告一般都是由税务机关印制的专用表格，在填制时，要特别注意下述几个方面：一、写明检查对象与期限；二、写明查出的错误事实及由其导致的错误金额，事实必须有根有据，叙述也必须清楚；三、写明查实的错漏税事项及补退额；四、写明违反的有关税法规定及产生问题的原因；五、写明恰当的处理意见，其中，计算公式要完整、规范，缴税期限要明确，并提出账务处理办法及改进意见。

文字说明式纳税检查报告一般由标题、称谓、正文、落款四部分组成。

1. 标题

常见的纳税检查报告的标题有两种：一是完整式标题，由被检查单位、时限、事由和文种组成，如"××××公司××××年纳税情况检查报告"；二是省略式标题，即省略完整式标题四项组成部分中的任何一项或几项，如"关于××××公司纳税情况检查报告"。

2. 称谓

称谓，即对主送机关的称呼。

3. 正文

正文由引言、主体、结尾三部分组成。

（1）引言。引言部分简明扼要地介绍纳税单位的基本情况、检查范围、检查时间、检查方法，概述纳税单位在履行纳税义务过程中所取得的成绩及其原因。纳税单位完成的各项经济指标，一般以数字形式表述，并要与计划指标、与上年同期指标、与历史上最高水平指标相比较，最终将比较情况用百分比差额数反映出来。

（2）主体。主体主要包括下面三个部分的内容：

第一部分，概述检查情况。这部分要概括地说明采用的检查方法、检查的主要内容及查出的问题，并按各主要税种，如增值税、消费税、所得税及其他各税等，依照各种违法违纪行为的性质分类说明。

这里应该指出的是，纳税检查报告的内容不是检查记录的重复，应按照各种违法违纪行为导致税款流失数额的大小和问题的严重程度有主次地说明。对于技术性的差错，可通知纳税单位自行更正，而不必将其罗列于报告之内。

第二部分，检查结论。这部分是纳税检查报告的关键内容，应在认真研究、尽可能统一认识的基础上，慎重地做出评价和处理决定。在检查结论中，要对纳税单位的纳税情况做出客观评价，既要肯定其执行税收法律法规和财务制度的好的行为，又要对其产生违法违纪问题的动机、性质和影响进行分析，对证据确凿的偷税、欠税、逃税、骗税等各种违法行为，应做出客观、公正、准确的结论。当纳税单位对检查结论有异议时，税务机关要耐心听取它们的申诉，并坚持实事求是的原则，依法办事，提出合理的处理意见。由于纳税检查的目的是使纳税单位改正自己的违法违纪行为，因此，在总结检查结论时，对纳税单位的评价要恰当，指出的问题要有理有据。

第三部分，写明需要今后解决的遗留问题。在实际的检查工作中，可能有些问题一时调查不清，或者由于政策不够明确，当时无法得出结论和提出处理意见，这些问题只能暂时写入纳税检查报告，留待今后进一步解决。对确实拿不准的问题，一定要实事求是地加以说明，至多提出参考性意见，或者提醒今后注意，或者承诺今后查证解决，不要草率地做出结论性的评价，特别是涉及做假账、偷税之类的案件，如果没有充分的证据，绝对不能轻率定论。

（3）结尾。结尾部分一般写"以上报告如无不妥，请批复执行"等惯用语。

4．落款

落款处要注明税务机关名称和成文日期，并加盖公章。

7.4.2　写作注意事项

由于纳税检查报告是一种具有公证作用的应用文，它的行文的好坏在很大程度上反映纳税检查工作的水平和深度，因此，从总体上说，在撰写纳税检查报告的过程中，内容的叙述不仅要以事实和有关的税收法律法规为依据，而且要做到文字简练，用词准确，语言规范，条理清楚，层次分明。

在撰写纳税检查报告时，要突出重点，列举的问题必须是经过反复查证、落实的具体事实；态度要明确，得出的结论要严谨、准确，只有这样才能使纳税检查报告正确地反映纳税单位履行纳税义务的真实情况。

纳税检查报告所说明的内容要真实、具体、完整，也就是说，必须如实地反映情况和问题，所列举的违法违纪行为和问题也都必须经过查证、核实。

纳税检查报告一经核准，它的某些结论和处理意见就具有法律效力，纳税单位要严格执行，所以其落款处的署名、成文日期、印章的加盖等均应严肃认真，不得存在疏漏和模糊不清之处。

7.4.3　范文模板

纳税检查报告

××××：

根据群众举报和分局的工作安排，我局稽查队于××××年××月××日对××××公司××××年度的纳税情况进行检查，在此期间，我们又收到了××××局转来的××××局领导批转查办的群众来信。于是，我们又及时调整检查力量，配备了一定的业务骨干，并将检查时间追溯到××××年度。经过一个多月的内查外调，群众举报的内容已基本查清。现将检查情况报告如下：

一、基本情况

××××公司创办于××××年××月，隶属××区教育生产资料公司领导，××××任命×××为法定代表人，现有职工××人，注册资金××××元，其中固定资金×××元、流动资金×××元，主要经营××××，经营方式为××××。××××公司是我局管理三科所辖的纳税单位，现任专管员为×××。

二、检查情况

（一）由于……在检查方法上我们采取××××，在掌握该单位账簿、凭证、销货记录本、银行对账单等有关经营资料的基础上，进行了全面检查。经查，该单位于××××年××月至××××年××月共取得营业收入××××元，申报纳税营业收入××××元，漏报收入……造成漏报收入的原因主要是：

…………

（二）关于举报该单位购进高档商品不入账的问题，经内查外调，属于……

（三）该单位于××××年××月从外市购买一辆旧的××××客货车，载重量××吨。后于××××年××月卖掉，在使用的一年中，尚未……

（四）该单位在发票购、用、存方面，经核对，使用数量无误，并经到××××粮食分局、××××中学、××××标准件厂等单位调票，均无发现违规行为。

（五）关于税务内部人员的廉政问题，……未发现举报人所谈问题。

三、处理意见及建议

（一）该单位少报营业收入××××元，造成……属于漏税性质。根据××××的规定，限该单位于……

（二）建议该单位要注重财务管理工作，进一步提高会计人员的业务素质，严格按照……

（三）税务内部应重视对小户税收的征收管理，做到常深入、常辅导、常宣传，充分发挥……

××××税务分局
××××年××月××日

7.5 税务行政复议决定书

税务行政复议决定书是税务行政复议机关在受理税务争议案件中，依法对被申请人的具体税务行政行为做出维持、变更或撤销等决定的文书。税务行政复议决定书一经发出便立即生效，申请人和被申请人都必须严格执行。如果申请人对税务行政复议决定不服，也必须先执行，之后依照法定程序向人民法院起诉。

税务行政复议决定书对加强税务机关与纳税单位的联系、避免税务机关及其工作人员执法的随意性、保护纳税单位的合法权益、维护税法的严肃性具有重要作用。

7.5.1 格式写法

税务行政复议决定书一般由标题、发文字号、称谓、正文、落款五部分组成。

1. 标题

标题只写"税务行政复议决定书"即可。

2. 发文字号

税务行政复议决定书的发文字号由发文机关代字、年份、发文顺序号三部分组成，形式如"×税复字〔××××〕第××号"。

3. 称谓

称谓，即对主送对象的称呼，此处的主送对象可以是单位或个人。称谓一般在标题下空一行位置，并居左顶格。

4. 正文

正文由引言、主体、结尾三部分组成。

（1）引言。引言部分写明申请人提请复议案件的时间及被申请人所出具的文书的发文字号等，比如可以这样写："你单位于××月××日对××××税务局××号税务处理决定书提出异议并要求复议的申请收悉。"

（2）主体。主体部分写明复议决定的理由、法律依据和相关事项。如果复议决定同意申请人的意见，那么在改变原处理决定时，可以写"经复议，同意你单位提出的理由，根据××××规定，决定……"；如果复议决定不同意申请人的意见，那么在维持原处理决定时，一定要注明维持原处理决定的理由和法律依据。

（3）结尾。结尾部分要明确申请人的上诉权。所谓明确申请人的上诉权，就是在结尾处写上"如不服本复议，可在接到本决定书的次日起××日内向人民法院起诉"等。

5. 落款

落款处首先要注明税务行政复议机关名称，并加盖公章；然后注明责任人姓名，并加盖印章；最后注明发文日期。

7.5.2　写作注意事项

在撰写税务行政复议决定书时，要坚持合法、及时、准确、便民的原则。

在撰写税务行政复议决定书时，要坚持依法复议、不用调解的原则。由于行政复议要解决的是具体行政行为是否合法的问题，而判断某行为是否合法的依据只能是法律法规，因此，上述的问题不能用双方协商、调解的方式来解决。

在撰写税务行政复议决定书时，除要求格式规范之外，还要求撰写者做到用词准确、语气肯定。

7.5.3 范文模板

××市税务局税务行政复议决定书

×税复字〔××××〕第××号

张××：

你××月××日对我局第一分局《××××》（×税发〔××××〕××号）提出异议并要求复议的申请收悉。

经查，你承包的××××系全民所有制企业，已按有关规定办理了工商营业执照和税务登记证，因你在城区经营，所以第一分局于××××年××月××日决定按临时经营税率××%计征了营业税。你提出不能按临时经营税率××%计征，不应由第一分局征收，而应由××××税务分局征收，经复议，裁决如下：

1. 第一税务分局原处理决定证据不足，适用临时经营税率××%不当，撤销该项处理决定。

2. 根据××××的规定，你在城区销售××××，不应回原地××××税务分局纳税，而应在经营地××××税务分局依照××%的税率申报缴纳零售营业税。

3. 你多缴或者少缴的税款由我局委托××××税务分局结算，多退少补。

如对本复议决定不服，可在收到本决定书次日起××日内向人民法院起诉。

特此通知。

××市税务局

××××年××月××日

7.6 项目评估报告

项目评估报告是有关部门或单位向决策部门提供建设项目主要情况和评估结果的综合性技术经济文件。它是项目主管部门决定项目取舍的重要依据，是银行向项目主办方提供资金保障的有力凭证，也是项目建设施工过程中必需的指导文件。

项目评估是项目建设前的一项重要工作，它的任何失误都可能给企业或国家带来不可估量的损失，因此，一般由作为项目评估方的国家项目管理部门或者项目主办方的上级部门组织有关专家，或者授权委托专业咨询公司、有意向为目标项目提供贷款的银行来实施项目评估并编制项目评估报告。

7.6.1 格式写法

项目评估报告一般由标题、正文、落款三部分组成。

1. 标题

通常在"评估报告"前面加上项目名称即可作为项目评估报告的标题。

2. 正文

项目评估报告的正文通常包括以下六项内容。

（1）项目概况。这部分用来对拟建项目做概括性的、较全面的总体介绍，内容一般包括项目的生产规模、产品性能和特点、项目的主要内容、项目投资、项目性质及建设工期等。这部分可以使审阅者对该项目的规模、投资、效益等有一个初步的总体印象。

如果某拟建项目归属于某企业，那么在介绍该项目概况之前，还应简单介绍一下企业概况，例如企业的生产规模、效益情况、技术、设备、人员及企业在本地区、本行业中所处地位和发展前景等。

（2）对项目必要性的评估。对项目必要性的评估，又称背景分析，即分析项目在科学研究和经济建设中的意义和地位，从而明确目标项目是否有建设的必要。这部分突出考察的是项目对国民经济和社会发展所能做出的贡献的大小。

（3）建设条件评估。这部分内容应包括：建设位置的选择；交通运输条件；供水、供电等条件；环境保护措施；等等。

（4）技术评估。这部分用来对拟采用的生产工艺流程，设备规格，技术情况及其先进性、合理性和可行性进行分析和评价。

（5）项目经济效益评价。这部分内容通常由以下两部分组成：

第一部分，企业经济效益评价部分。这部分用来说明拟建项目对企业的经济影响以及是否有利可图，其内容一般包括投资估算、产品成本预测、销售收入和税金预测、利润预测、贷款偿还期预测、现值和内部收益率的预算、企业投资利润折旧率计算及企业经济评价结论。

第二部分，国民经济评价部分。这部分用来分析、评价该项目对发展本地区经济和增加地方经济实力方面是否效果显著，其内容大体包括新增国民收入水平、投资和税率、投资回收期、国民收入现值等。

（6）项目评估报告的结尾部分非常重要，它包括两项议题：一是要在上述因素分析的基础上，对项目是否可行做出结论；二是对可行的项目建设提出合理化的改进建议，以保证项目建设的顺利进行，或对不可行的项目指明存在的问题，为项目主办单位改进下一步的项目设计工作提供指导和参考。

3. 落款

落款处注明评估机构名称和日期，并加盖公章。

7.6.2　写作注意事项

在撰写项目评估报告时，应在服从国家总的经济、技术发展规划的前提下，就项目技术的先进性、适用性及原材料和资金来源进行评估，同时，要注重项目的社会效益和经济效益。

项目评估报告的内容应事实准确、材料全面、数据可靠，在调查研究、了解情况的基础上进行以事实为根据的分析。

7.6.3 范文模板

××××新产品开发项目
评 估 报 告

一、项目开发背景

为加强行政、事业单位的财政资金归口管理，××××行××××支行在上级行的指导帮助下，实行上下联动公关，大力拓展机构类法人大客户，经×××多次协调研究，决定于××××年××月××日正式起动运行社保工作，将养老、医疗、失业、工伤、生育五大保险全部纳入该局核算，对这些资金进行集中管理，有利于社会的保障与稳定，更有利于公共的财政体系建设。

…………

二、项目基本情况

…………

三、项目投资概算

…………

四、投资回收分析

…………

五、项目风险性分析

…………

六、结论及建议

…………

通过评估分析，我行认为开发××××合作项目，是十分必要的，这对我行以后的发展有着十分现实、重要的意义。项目的投入可以在短期内收回，项目效益较好，切实可行，为使此项工作得以顺利实施，并达到预期的目的，建议上级行开发××××项目，特报二级分行审批。

××××银行××县支行
××××年××月××日

7.7 股票发行章程

股票发行章程，又称股票发行简章，是企业申请发行股票的必备文件，它对企业发行股票的有关重大事项做出规定并予以公布。

股票发行章程对发行股票具有指导作用，同时也具有法律效力，违反股票发行章程的人将负法律责任。股票发行可分为公开发行和非公开发行两种：前者指股份有限公司向社会上非特定的单位和个人发行股票；后者指股份有限公司向特定的单位和个人发行股票。股票的公开发行和非公开发行都必须报经中国人民银行审查批准。

股票发行有严格的法定程序，而股票发行章程则是发行股票的重要依据，是对股票发行程序做出的具体规定。

7.7.1 格式写法

股票发行章程一般由标题、正文、落款三部分组成。

1. 标题

股票发行章程的标题由股票发行公司名称和文种组成，如"××××股份有限公司股票发行章程"。

2. 正文

股票发行章程的正文一般由总则、分则和附则三部分组成：总则部分简要地说明发行股票的依据和目的；分则部分以分条的形式具体叙述；附则部分说明章程的解释权和生效日期。

3. 落款

落款处注明股票发行公司名称和成文日期。

7.7.2 写作注意事项

股票发行章程的语言表达必须具备周密、严谨、平实三个特性，只有这样才能保证章程的法律性、严肃性、指导性，不与国家现行的相关法律法规相抵触。

7.7.3 范文模板

××××股份有限公司股票发行章程

第一章 总则

第一条 ××××股份有限公司（以下简称公司）是以公有制为主体的社会主义股份制企业，是依法注册登记、独立核算、具有法人资格的经济实体。经中国人民银行××市分行批准发行股票，为维护投资者的合法权益，特制定本章程。

第二条 公司股份由国家股、单位股、个人股组成。

国家股是指全民所有制企业的国家基金（含重估固定资金和国拨流动资金）折成的股份。

单位股是指集体所有制企业的资金折成的股份及其他企事业单位认购的股份。

个人股是指个人认购的股份。

第三条 公司股票是发给入股者的股份所有权凭证。股票持有者享有按股领取红利等公司章程规定的股东权利，并在股票金额范围内承担公司经营亏损或破产的有限经济责任。

股票可以转让、抵押和继承。股票遗失可以申请挂失。

第四条 公司发行的股票名称为：××××股份有限公司股票。

公司发行的股票为不定期的记名式股票，并以人民币计值，每股股值为人民币××元，股份总数为××××股，合计人民币××××元。

第二章 发行

第五条 公司向社会公开发行股票××××股，计人民币××××元。其中，单位股××××股，计人民币××××元，主要向横向联合的投资方发行；个人股××××股，计人民币××××元，主要向本公司职工发行。

第六条 公司发行股票委托金融机构代理发行。

第七条 公司按季向中国人民银行××市分行金融管理处报送财务报表，并向股票持有者公开公司经营情况。

第八条 公司股票按××××年××月××日××市人民政府发布的《××市股票管理暂行办法》中规定的范围发行。

第三章 转让

第九条 公司股票可以转让买卖,但必须通过经中国人民银行××市分行批准经营股票交易业务的金融机构办理。

单位股股票只限于单位之间转让。

第十条 股票转让买卖以现货为限。

股票交易价格可由交易双方商定。委托金融机构进行交易的,股票价格可由委托方自行决定。

第十一条 公司按季向社会公开由注册会计师查核签证的财务报表。

第四章 分配

第十二条 公司在依法向国家缴纳税金后的利润中先提取一定比例的生产发展基金(含归还技术改造贷款)、职工福利基金和职工奖励基金,剩余部分列为按股分红基金,用于当年分红。当按股分红基金过大时,则适当留存作为分红后备基金,用于以丰补歉。

第十三条 公司股票只计红利,不计股息。红利率由董事会决定。

第十四条 公司发放红利于每年年终决算后进行。股票发行的第一年,自发行日至年终决算日不满一年的红利并入下一年度发放。

公司发放红利时,对个人股按国家规定扣缴××%的个人收入调节税。

第十五条 公司在发放红利日前登报公告。

第十六条 公司如发生经营亏损,且未建立红利后备基金,当年不发红利,以后也不再补付。

第五章 附则

第十七条 本简章由××××股份有限公司董事会负责解释。

第十八条 本简章由中国人民银行××市分行批准之日起施行。

××××股份有限公司

××××年××月××日

7.8 股票发行说明书

股票发行说明书是对股票发行的具体办法、规定和发行公司的有关情况做出说明的书面材料,亦是股票发行人向公众说明有关公开发行股票主要事项的重要文件材料。简单来说，它是股票发行章程的补充和说明。

股票发行说明书是一种对具体事项进行解释和说明，对发行工作进行安排，以便更好地指导公众购买股票的宣传和说明材料。

7.8.1 格式写法

股票发行说明书一般由标题、正文、落款三部分组成。

1. 标题

股票发行说明书的标题由股票发行公司名称和文种组成，如"××××股份有限公司股票发行说明书"。

2. 正文

股票发行说明书的正文包括主体、辅助、资料三个部分。

主体部分侧重说明股票的发行办法，包括股票的发行、股东的权益、股息及其分配、认购股票手续等具体内容。

辅助部分主要介绍股票发行公司的情况，包括公司的概况、经营情况、经营利润、资金平衡、负债情况及流动资金等。

资料部分主要提供基本材料，包括注册会计师签证的资产评估书、金融咨询评估部门发行股票的信用级别评估报告、公司所属单位一览表、公司章程节录、备查文件目录等。

3. 落款

落款处应注明股票发行公司名称和成文日期。

7.8.2 写作注意事项

在撰写股票发行说明书时，需要注意三点：第一，尽量开门见山，直奔主题，并用条款式表述；第二，前面不用引言，后面不用结语，不分设章节，避免烦琐；第三，语言要通俗易懂，易被公众接受。

7.8.3 范文模板

××××股份有限公司股票发行说明书

一、人民币普通股股票发行办法

根据《××××股份有限公司章程》规定和第一届股东代表会议决议，本公司拟通过向社会公开发行股票筹集资金，发展再生资源回收利用事业。为此，特将本次股票发行办法说明如下：

（一）股票

…………

（二）股票的发行

…………

（三）股东权益

…………

（四）股息及分配

…………

（五）认购股票手续

…………

二、本公司股份构成情况

…………

三、本公司发行新股的理由

…………

四、本公司有形资产情况

…………

五、本公司股票盈利预测及股息

…………

六、本公司情况介绍

（一）本公司概况

…………

（二）本公司经营情况

…………

（三）经营利润表
....

（四）资金平衡表
....

（五）本公司负债情况
....

（六）本公司流动资金情况
....

（七）本公司管理阶层情况
....

（八）本公司前景展望
....

七、有关本公司资料

（一）注册会计师签证的资产评估书
....

（二）金融咨询评估部门的评估报告
....

（三）本公司所属单位一览表
....

（四）本公司章程节录
....

（五）备查文件目录
....

××××股份有限公司
××××年××月××日

第8章 经济纠纷类文书

当市场经济主体出现经济纠纷时，一般会通过仲裁、诉讼、行政复议等方式解决，所以，经济纠纷类文书通常包括上述这些内容。本章重点介绍仲裁类文书和诉讼类文书。

仲裁类文书，即自受理经济合同或其他财产纠纷案件至裁决的整个过程中，依照法律规定编制的具有法律效力的文书。

诉讼类文书，即在审理和解决经济纠纷案件的诉讼活动中所编制的文书。

8.1 经济仲裁申请书

在当今的经济活动中，当双方当事人遇到无法解决的纠纷时，他们一般都会选择通过仲裁的方式解决问题。仲裁是市场经济条件下解决经济纠纷的重要方式之一。仲裁申请书是带有法律性质的文书，是仲裁机构进行仲裁的主要依据之一。经济仲裁申请书是经济纠纷当事人的一方为维护自己的合法权益而向有管辖权的仲裁机构提交的请求仲裁与另一方当事人的经济纠纷的申请文书。

8.1.1 格式写法

经济仲裁申请书一般由标题、开头、正文、尾部、附件五部分组成。

1. 标题

标题应居中写"经济仲裁申请书"，不能笼统地只写"申请书"三个字。

2. 开头

开头应写明申请人和被申请人双方的基本情况。其中，若申请人是自然人，应写明他的姓名、性别、民族、籍贯、出生日期、住址、联系方式、单位名称等信息。一般情况下，被申请人的基本情况也要按前面对申请人基本情况所要求的那样去写，如果对被申请人的出生日期等信息不确定，也可以不写。

3. 正文

正文应包括仲裁请求、事实和理由两部分内容。

（1）仲裁请求，即申请仲裁所要解决的具体问题、所要达到的要求和目的，仲裁请求是多种多样的，比如，解除合同、退还货款、赔偿损失、支付违约金等，但是，无论怎样的仲裁请求，它都必须是明确具体、合理合法的。

（2）事实和理由是仲裁的核心内容，它既是申请人提出申请的依据，也是仲裁机构进行仲裁的主要根据。在内容上，它要求概括叙述经济纠纷的事实经过，说明请求仲裁的理由和法律依据，指出有关证据、证据来源、证人姓名和住所等。在概括叙述经济纠纷的事实经过时，要把纠纷的由来、双方争议的焦点、被申请人侵害行为的事实叙述清楚；在说明请求仲裁的理由和法律依据时，要根据事实证据和有关法律法规和制度，将被申请人的侵害行为性质和应承担的法律责任阐述清楚。

4. 尾部

尾部应写明呈送的仲裁机构名称、申请人姓名、成文日期。在正文下方左侧写上"此致""××××仲裁委员会"，然后在其右下方注明申请人姓名和成文日期。

5. 附件

在左下方写上附件名称和份数。

8.1.2 写作注意事项

在撰写经济仲裁申请书时，叙述纠纷事实要实事求是、条理清楚、准确简练。

在撰写经济仲裁申请书时，语言要得体，避免使用过激的言语，以免进一步扩大矛盾。

8.1.3 范文模板

经济仲裁申请书

申请人：××县××镇××村村民委员会

法定代表人：×××　职务：村长

被申请人：××县××××厂

地址：××县××镇××××路××号

法定代表人：×××　职务：厂长

案由：被申请人单方终止合同。

请求事项：

（1）继续履行协议；

（2）赔偿申请人经济损失。

事实和理由：

××××年××月××日，申请人与被申请人签订《××××协议》，约定双方共同投资建厂。申请人投资比例为××%，被申请人投资比例为××%，投产后利润按投资比例分成。该协议第12条规定："本协议签订后，双方信守协议，不得以任何理由单方终止。任何一方终止协议，一切后果由提出终止协议方负责。"

双方于××××年××月筹建施工。申请人与被申请人各投资××××元，计划××××年××月底建成投产。不料被申请人××××年××月突然提出："经请示××××，不再给××××厂投资。"为此，申请人数次找被申请人协商，同时主动向××××申明情况，希望督促被申请人履约。但被申请人竟不予理会，公然单方终止协议，不但不承担任何经济损失，还无理要求申请人承担被申请人全部投资款项。不仅如此，被申请人还背着申请人函告××××局，要求停止××××补贴，故意给筹建工作设置障碍。申请人多次规劝其继续履行协议，但被申请人根本听不进去，置《中华人民共和国合同法》和双方签订的协议于不顾，一直存在违法行为。申请人在做出多方努力毫不见效的情况下，为了维护国家的法律尊严，保护自身的合法权益不受侵害，特向贵会提出仲裁申请，请求依法裁决。

此致

××县××××仲裁委员会

申请人：××镇××村村民委员会
法定代表人：×××
××××年××月××日

附件：××××　××份

8.2　经济仲裁答辩书

经济纠纷双方采取仲裁方式解决纠纷时，被申请人提交答辩书，是仲裁规则的要求，也是被申请人的权力。按照相关法律的规定，被申请人在收到仲裁申请书后，应在仲裁规则规定的期限内向仲裁机构提交仲裁答辩书和有关证据。

经济仲裁答辩书是被申请人为了维护自己的经济权益，针对申请人在仲裁申请书中提出的仲裁请求、事实和理由而向仲裁机构作出答复和辩解的文书。

8.2.1　格式写法

经济仲裁答辩书一般由标题、开头、正文、尾部、附件五部分组成。

1. 标题

居中写"经济仲裁答辩书"几个字即可。

2. 开头

开头写明当事人基本情况。若当事人是自然人，应写明当事人的姓名、性别、民族、籍贯、住址、联系方法、单位名称等；若当事人是法人或其他组织，应写明当事人的单位名称、地址、法定代表人或主要负责人的姓名和职务等。

3. 正文

正文包括引言和答辩意见两部分内容。

（1）引言。引言开宗明义地说明答辩的事由，即简述因何人、何事而进行答辩，比如可以写"因××××，现提出答辩意见如下"等。

（2）答辩意见。这部分内容是经济仲裁答辩书的关键部分。首先，说明案情，辨明原委。然后，针对申请人提到的问题和要求进行答辩，重点辨析对方在哪些问题上怎样歪曲了事实、怎样违背了事理。在辨析时，要注意区分责任、阐明观点，并客观而明确地肯定自己在经济纠纷中的合理合法行为，指出对方的悖理违法之处。最后，提出自己认为合理处理纠纷的意见和主张，请求仲裁机构作出公正裁决。

4. 尾部

尾部内容包括：采用信函格式写上的"此致""××××仲裁委员会"；署名、签章和日期。

5. 附件

在左下方写上附件名称和份数。

8.2.2 写作注意事项

在撰写经济仲裁答辩书时，要根据申请人提出的事实理由逐一表述自己的答辩观点，且此观点必须是明确具体的。

在撰写经济仲裁答辩书时，要用事实说明问题，实事求是，以便仲裁机构作出公正的裁决。

在撰写经济仲裁答辩书时，既要使语言具有论辩色彩，又要掌握好措辞分寸，避免言词过激。

8.2.3 范文模板

经济仲裁答辩书

我是×××，受××××公司委托，作为合法辩护人进行答辩。我认为申请人认定被申请人违约，并要求赔偿合同中全部货款及其他费用的理由是不能成立的。兹陈述如下：

申请人在申请书中说……以上说法没有充分的依据。

申请书指责被申请人未能及时答复申请人索赔要求,是欠公允的。……

申请人认为被申请人拒绝赔偿的行为是不遵守合约规定的行为,这种看法是欠妥的。被申请人在拒赔函中,已再三强调了拒赔的理由,并出示了检验证明。而且根据……被申请人的理由完全能够成立。

基于以上情况,被申请人拒绝承认违约,也拒绝赔偿合同货物的全部款项及其他费用,请仲裁委员会审议。

此致

××××仲裁委员会

答辩人:×××

××××年××月××日

附件:××××　××份

8.3　经济仲裁协议

经济仲裁协议是指合同当事人之间订立的,一致表示愿意将他们之间已经发生或可能发生的争议提请仲裁机构解决的单独的协议。例如,在订立建筑工程承包合同时,双方当事人没有约定争议的解决方式,事后双方当事人再专门订立一个协议,约定有关仲裁事宜,这样的协议就是仲裁协议。

从适用范围和应发挥的作用来看,仲裁协议具有灵活性、单独性、范围的局限性等特点。所谓灵活性,是指仲裁协议可以在事前协商签订,也可以在事后协商签订,没有明确的时间限制;所谓单独性,是指仲裁协议是在合同没有规定仲裁条款的情况下,当事人为了专门约定仲裁内容而单独签订的协议;所谓范围的局限性,是指仲裁协议只能由具有利害关系的合同当事人或其法定代理人签订,否则,就不可能在有关合同发生争议时约束各方当事人。

按照签订的时间,可以分为争议前仲裁协议和争议后仲裁协议。

8.3.1　格式写法

正确撰写的经济仲裁协议有利于仲裁委员会厘清事项,依法作出公平、公正的裁决。

经济仲裁协议一般由标题、开头、正文、尾部四部分组成。

1. 标题

居中写"经济仲裁协议"几个字即可。

2. 开头

开头写明当事人的基本情况。

3. 正文

正文主要写明与仲裁相关的内容，一般要分条逐项表述，《中华人民共和国仲裁法》对仲裁协议正文中应该写明的内容有明确规定。

4. 尾部

在尾部，当事人要签字、盖章，并注明仲裁协议订立的日期。

8.3.2 写作注意事项

经济仲裁协议的撰写必须按照有关法律法规的规定进行。

8.3.3 范文模板

经济仲裁协议

甲方：××××贸易公司

地址：××省××市××××路××号

法定代表人：×××　　职务：经理

乙方：××县××××公司

地址：××省××县××××路××号

法定代表人：×××　　职务：经理

双方当事人愿意提请××市仲裁委员会，并希望仲裁委员会按照《中华人民共和国仲裁法》的规定，仲裁如下争议：

双方于××××年××月签订××××合同。在合同履行的过程中，因甲方对乙方提供的×××产品的质量等级提出异议，导致双方产生争议，经协商解决不成。双方一致同意选择××市仲裁委员会依据《中华人民共和国仲裁法》及该会的仲裁规则，对双方合同中所涉××××产品的质量等级和双方如何继续履行合同作出裁断。

甲方：××××贸易公司　　　　乙方：××县××××公司
法定代表人：×××　　　　　　法定代表人：×××
××××年××月××日　　　　××××年××月××日

8.4　经济纠纷起诉状

任何国家机关、人民团体、企事业单位或个人在认为自己的经济权益受到侵犯或与他人发生经济纠纷时都依法享有起诉权，当事人或其法定代理人都可以直接向人民法院递交经济纠纷起诉状。

经济纠纷起诉状是经济纠纷案件的原告认为自己的权益受到侵犯而向法院陈述纠纷事实、阐明起诉理由、提出诉讼请求的文书。

8.4.1　格式写法

经济纠纷起诉状一般由标题、开头、正文、尾部、附件五部分组成。

1. **标题**

居中写"经济纠纷起诉状"或"起诉状"。

2. **开头**

开头写明当事人的基本情况，包括原告和被告地址、法定代表人等。当诉讼有诉讼代理人时，应写明代理人的姓名和所在单位、代理权限及其他情况。

3. **正文**

正文是经济纠纷起诉状的核心部分，它包括以下内容：

（1）案由或事由。这部分概括写明因何事起诉。

（2）诉讼请求。这部分概括写明请求人民法院依法裁决的具体事项，或者诉讼要达到的最终目的。

（3）诉讼事实和理由。这部分是经济纠纷起诉状的核心部分，关系到人民法院是否受理此案，主要写明事实经过、证据、理由和法律依据。

4. 尾部

尾部要写上"此致""××××人民法院",然后,起诉人在右下方签字、盖章,并注明日期。

5. 附件

在左下方写上附件名称和份数。

8.4.2 写作注意事项

在撰写经济纠纷起诉状时,事实要具体、全面,不得笼统或含混不清;数字也必须准确无误。

在撰写经济纠纷起诉状时,诉讼理由要建立在确实、充分的证据和明确、清楚的事实基础之上,说清楚诉讼事实和理由之间存在的因果关系;同时,引用的法律条文要准确、完备。

经济纠纷诉状中的人称要一致。在陈述诉讼事实和理由时,叙述的人称要前后一致,如果用第三人称,那么一般称"原告"和"被告"。

在撰写经济纠纷起诉状时,语言要准确、严谨,表述要有逻辑性。

8.4.3 范文模板

经济纠纷起诉状

原告:××市××××公司

地址:××市××区××××路××号

法定代表人:×××　职务:公司经理

被告:××市××××商店

地址:××市××区××××大街××号

法定代表人:×××　职务:商店经理

案由:追索货款,赔偿损失

诉讼请求:

1. 责令被告偿还原告货款××××元。

2. 责令被告赔偿拖欠原告货款××个月的利息损失。

3. 责令被告赔偿原告因诉讼产生的一切损失，包括诉讼费、律师费等。

诉讼事实和理由：

原告和被告于××××年××月××日商定，被告从原告处购进××箱××××酒，价值××××元。原告于当年××月××日将××箱××××酒用车送至被告处，被告立即开出××××元的转账支票交付原告，原告在收到支票的第二天去银行转账时，被告的开户银行告知原告，被告账户上的存款只有××××元，不足清偿货款。由于被告透支，支票被银行退回。当原告再次找被告索要货款时，被告无理拒付。后来，原告多次找被告交涉，均被被告以经理不在为由拒之门外。

根据《中华人民共和国民法通则》的相关规定，被告应当承担民事责任，原告有权要求被告偿付货款，并赔偿由于被告拖欠贷款而给原告带来的一切经济损失。

此致
××区人民法院

起诉人：××市××××公司
××××年××月××日

附件1：××××　　××份
附件2：××××　　××份
附件3：××××　　××份

8.5　经济纠纷上诉状

经济纠纷上诉状是指经济纠纷诉讼当事人或其法定代理人不服人民法院的第一审判决、裁定，依照法定期限和程序，向上级人民法院提出上诉，请求撤销、变更原审判决、裁定，或重新审判而递交的诉状。

8.5.1　格式写法

经济纠纷上诉状一般由标题、开头、正文、尾部、附件五部分组成。

1. 标题

居中写"经济纠纷上诉状"或"上诉状"。

2. 开头

开头写明当事人的基本情况,即上诉人与被上诉人的基本情况,所写项目和顺序与起诉状相同。需要注意的是,在上诉人与被上诉人之后分别用括号注明其是原审原告还是原审被告。

3. 正文

正文是经济纠纷上诉状的核心部分,包括以下内容:

(1)案由,即不服第一审判决、裁定的原因。这部分需要概括写明上诉人因何案不服何处人民法院于何时以何字号发出的判决、裁定而提出上诉。

(2)上诉请求,即上诉的目的。这部分必须概括写明请求第二审法院撤销、变更原审判决、裁定,或请求重新审理的要求。

(3)上诉理由。这部分是经济纠纷上诉状的关键所在,它通常包括四个方面的内容:①针对原审判决、裁定对事实的认定有错误、出入和遗漏,或证据不足,而提出纠正或否定原审判决、裁定的事实和证据;②针对原审判决、裁定对事实的定性不当而提出恰当的定性判断;③针对原审判决、裁定引用的法律条文不准确、不正确而提出正确适用的法律依据;④针对原审判决、裁定不合法定程序而提出纠正的法律依据。

4. 尾部

尾部要求按信函格式写上"此致""××××人民法院",然后上诉人在右下方签字盖章,并注明日期。

5. 附件

在左下方写上附件名称和份数。

8.5.2 写作注意事项

在撰写经济纠纷上诉状时,针对性要强,要有的放矢,即上诉请求和上诉理由必须是针对第一审判决、裁定不当而提出的。

在撰写经济纠纷上诉状时,要简洁、明确地引述原判内容的错误、失当之处,据理辩驳。

在撰写经济纠纷上诉状时,语言要明晰、简洁,行文要条理清楚、逻辑性强。

8.5.3 范文模板

经济纠纷上诉状

上诉人（原审被告）：××省A县××××银行

地址：××省A县××××街××号

法定代表人：×××　职务：主任

被上诉人（原审原告）：××省B县××××银行

地址：××省B县××××路××号

法定代表人：×××　职务：行长

上诉人因B县××××银行所诉返还贷款一案，不服××市中级人民法院××××年××月××日××××字第××××号经济纠纷判决，现提出上诉。

上诉请求：

1. 要求撤销一审法院判决，重新查清事实，保护我方的合法权益。

2. 要求判令被上诉人承担相应的经济责任。

上诉理由：

1. 一审法院判决认为，我方采取胁迫手段清贷，致使个体户于某不得不到B县××××银行骗取贷款。我方认为，银行有权对逾期贷款进行催要，必要时可以采取强制措施收贷。如果银行对拖欠贷款的借贷者催收得紧了些，就被认为是"胁迫"，那么银行就无法如期收贷，银行合法的收贷权就得不到保障。况且，我方催收贷款与于某到B县××××银行骗取贷款没有因果关系。我方既没有明示也没有暗示于某到B县××××银行去骗取贷款。所以，我方认为一审法院在这方面认定事实不清，证据不充分，要求二审法院进行重新认定。

2. 我方在收贷时，没有查问借贷者的款项是如何筹措来的。借债还钱，天经地义，只要借贷者如数归还贷款，我方就理应如数收贷。这是××××银行信贷规章制度所规定的。

3. 个体户于某在我县搞不法经营被查封，我方正督促他收贷时，B县却把于某视为经营管理的"大能人"给予贷款，既不去了解于某的资信程度，不要求借贷方提供担保人，又不去监督于某在B县所办公司的经营状况，就盲目地放贷，因此，B县××××银行××××行为是不符合法律规定的。

为此，特向你法院上诉，请求依法撤销原判决，以实现我方上诉请求。

此致

××省高级人民法院

上诉人：××省A县××××银行
××××年××月××日

附件：××××　××份

8.6　经济纠纷申诉状

经济纠纷申诉状，也称经济纠纷再审申请书，是指经济案件的当事人或其法定代理人认为已经产生法律效力的判决、裁定有错误而向原审人民法院提出申诉，请求复查纠正或重新审理的文书。

经济纠纷申诉状是保护当事人合法权益的诉讼文书，但是，在人民法院审查当事人的申诉期间，并不中止已生效的判决、裁定的执行。

经济纠纷申诉状具有以下两个特点：

（1）参考性。根据司法实践来看，经济纠纷申诉状并不具有直接引起审判监督程序的效力，也不能中止已生效的判决、裁定的执行，它只能起到参考作用，只是案件重新审判的一个参考性资料来源。案件是否要重新审判，并不取决于经济纠纷申诉状，而取决于司法机关对申诉的审查，只有通过审查确认一审判决有问题，才能对案件重新审判。

（2）完整性。经济纠纷申诉状的内容必须完整，对理由、依据等的表述一定要充分，层次要分明，逻辑性也要强，只有这样才能引起足够的重视。

8.6.1 格式写法

经济纠纷申诉状一般由标题、开头、正文、尾部、附件五部分组成。

1. 标题

居中写"经济纠纷申诉状"或"申诉状"。

2. 开头

因为经济纠纷申诉状是针对原审法院判决、裁定有误而要求复审改判的,所以开头可不写"被申诉人"一项。

3. 正文

正文是经济纠纷申诉状的核心部分,包括以下内容:

(1)案由和不服原判决或裁决的情况。这部分应当写明申诉人因何案不服何处人民法院于何时以何字号发出的判决、裁定而提出申诉。

(2)申诉请求。这部分应简明扼要地把请求人民法院解决的问题、所要达到的目的表达出来,明确提出撤销、变更原判,或重新审判的要求,以纠正原审判决、裁定的不当之处。

(3)申诉的事实和理由。在这部分,首先,摆事实、列证据;其次,说明法律的适用情况;最后,陈述申诉的理由。

4. 尾部

尾部写上"此致""××××人民法院",然后申诉人在右下方签字盖章,并注明日期。

5. 附件

在经济纠纷申诉状的最后应附上原审判决书、裁定书的原件和复印件等附件。

8.6.2 写作注意事项

一般情况下,申诉人提出申诉的目的就是希望司法机关对相关裁决重新进行审判,以切实维护自身的合法权益,因此,申诉一定要合理合法,所提出的事实和证据必须真实可靠,必须有绝对的说服力,否则很难通过司法机关的审查。

在撰写经济纠纷申诉状时,对申诉的事实务必求全、求真。如果原审判决、裁定没有依据全面事实，那么经济纠纷申诉状应从案情事实、原来的处理经过和处理结果等方面进行归纳叙述，阐明原审判决、裁定的不当之处。

在撰写经济纠纷申诉状时，应将与请求目的相关的人证、物证、书证等在申诉状里明确列示，并加以说明，以实证服人。如果能在经济纠纷申诉状中提供有助于说明申诉事实的新证据，将会使其更具说服力。

8.6.3 范文模板

经济纠纷申诉状

申诉人：××省A县××××银行

地址：××省A县××××街××号

法定代表人：×××　职务：主任

案由：

申诉人因A县××××银行因与B县××××银行贷款纠纷一案，对××省高级人民法院××××年××月××日××××字第×××号经济纠纷判决不服，现提出申诉。

申诉请求：

请求重新审理A县××××银行与B县××××银行的贷款纠纷案，纠正××省高级人民法院××××年××月××日××××字第××××号经济纠纷判决。

申诉理由：

一、你院终审判决认为，我方并未与借贷人个体户于某串通，骗取B县银行的贷款，也不知个体户于某拿B县××××银行的贷款来抵贷，因而收贷时并没有过错；但事后知道此还贷之款系B县××××银行的贷款，就应该将其退还给B县××××银行，而保留向个体户于某追收贷款的权利。我方认为，既然收贷时没有过错，就应该保护我方合法的收贷行为，保护我方的合法权益。

二、B县××××银行在向个体户于某放贷时，没有进行资信调查，也没有令其提供贷款担保人，就将大笔款项借贷给他，事后又不监督其用贷，有很大过错。依照××××规定，有过错的一方对造成的经济损失也应承担一定的经济责任，但终审法院令我方全数归还B县××××银行贷款，没有体现B县××××银行因过错而负经济责任的法律要求。上述判决使得早一步积极清贷、控制不法分子于某行为的我方反而大受损失，在国家已经收紧银根的时候仍毫无顾忌地向不法分子于某贷款的B县××××银行，反而不承担丝毫经济损失，违反了有过错则有责任的基本法律原则。

根据上述理由，请求再审此案，重新作出公正合法的判决、裁定。

此致

××省高级人民法院

申诉人：××省A县××××银行

××××年××月××日

附件1：××××　××份
附件2：××××　××份
附件3：××××　××份

8.7　经济纠纷答辩状

答辩状是诉状中使用频率最高的文种之一，是被告（或被上诉人）针对原告（或上诉人）在起诉状（或上诉状）中提出的诉讼请求、事实与理由，在法定期限内依据事实真相、依法依规向人民法院作出回答和辩驳的文书，其主要目的是方便司法机关进一步了解案情，判明是非，作出正确判决、裁定，同时，它也为被告（或被上诉人）维护自身权益提供辩解机会。

被告（或被上诉人）可以通过经济纠纷答辩状针对原告（或上诉人）提出的事实、理由及请求事项，进行有针对性的答辩，阐明自己的理由和请求，维护自身的合法权益。经济纠纷答辩状还有助于法院兼听各方当事人所陈述的理由和请求，以便其全面掌握案情，从而公正地审理案件。

经济纠纷答辩状只能由被告（或被上诉人）提出，而且必须针对起诉状（或上诉状）的内容进行答辩。

8.7.1 格式写法

经济纠纷答辩状一般由标题、开头、正文、尾部、附件五部分组成。

1. 标题

居中写"经济纠纷答辩状"几个字即可。如果属于二审程序的答辩，那么要写上"上诉答辩状"字样。

2. 开头

开头写明答辩人的基本情况，主要包括答辩人的单位全称、地址、电话、法定代表人的姓名和职务等。对方当事人的基本情况可以写，也可以不写。

3. 正文

正文是经济纠纷答辩状的核心部分，包括如下内容：

（1）案由。这部分要概括写明对何单位或对上诉的何案进行答辩，一般可以这样写："答辩人于××××年××月××日收到××××法院交来原告（或上诉人）××××一案的起诉状（或上诉状），现就起诉状（或上诉状）所列各点答辩如下"。

（2）答辩理由。这是经济纠纷答辩状最关键的部分，它要求答辩人明确地回答原告（或上诉人）所提出的诉讼请求，并明确地阐明自己对争议事实的主张和理由。答辩的内容必须有针对性：一审答辩状应当针对原告起诉状所列的事实、证据和理由，逐一进行答辩；二审答辩状应当针对上诉状所列各点逐一进行答辩。

（3）答辩意见。在有针对性且充分地阐明答辩理由的基础上，答辩人应提出自己的答辩意见。答辩意见主要包括这些内容：根据确凿事实与证据，证明己方行为的合理性；依据有关法律条文，说明己方答辩理由的正确性；归纳答辩事实，揭示对方当事人法律行为的谬误；提出对本案的处理意见，请求人民法院予以合理的裁决。

4. 尾部

尾部要写上"此致""××××人民法院"，然后答辩人及其法定代表人在右下方签字盖章，并注明日期。如果有委托代理人，那么还需要委托代理人签字盖章。

5. 附件

在左下方写上附件名称和份数。

8.7.2　写作注意事项

在撰写经济纠纷答辩状时，要依次注意三个方面：第一，紧紧抓住对方所陈述的错误事实或者所引用的有关法律的错误，建立反驳的论点；第二，列举客观真实的证据作为反驳的论据；第三，经过分析、论证推出合乎逻辑的结论。

在撰写经济纠纷答辩状时，要善于抓住关键，即找到各方当事人在纠纷案件中争执的"焦点"，然后有针对性地进行答辩。

8.7.3　范文模板

经济纠纷答辩状

答辩人：××市××××金属机械厂

地址：××市××区××××街××号

法定代表人：×××　　职务：厂长

委托代理人：×××　　职务：××××律师事务所律师

被答辩人：××市××××轻纺机械厂

地址：××市××区××××街××号

法定代表人：×××　　职务：厂长

案由：加工承揽合同纠纷。

答辩人现就××市××××轻纺机械厂诉××市××××金属机械厂加工承揽合同纠纷一案，答辩如下：

××××年××月××日，我厂与被答辩人签订了铝轴套的加工合同，并签订有协议。合同规定，由被答辩人供应铸铝毛坯件，由我厂按约加工，每件加工费用××元。我厂先后两次从被答辩人处取来铸铝毛坯××××件，加工后，交回成品××××件。交货时，被答辩人经过验质、核实数字后，已收受入库。××××后，被答辩人却口头通知我厂，称我厂加工的零件全部不合格，要求我厂按协议赔偿。我厂曾要求被答辩人提供相应的检验数据，例如：如果是尺寸超差，应指出超差的部分和提供测量的数据；如果是光洁度等级不合格，应指出具体部位，另外，光洁度与材质有关，亦应提供零件材质的物理及化学性能的分析报告。我厂将上述意见通知被答辩人后，被答辩人至今未提供任何数据和报告，所以，被答辩人要求我厂赔偿的起诉，其理由是不充分的。我厂的要求是合理的，如果被答辩人能够提供所有技术数据报告，有充分理由说明他们的测量方法是正确的、测量数据是准确的、材质是符合国家标准的，有根据说明我厂违反合同规定的质量要求，那么，我厂愿意按协议第××条的规定，承担全部违约金，并予以赔偿；否则，我厂不能承担任何违约责任。相反，根据《中华人民共和国合同法》第××条的规定，被答辩人应承担我厂因合同中止而造成的全部损失××××元，并继续履行合同。

此致

××市××区人民法院

答辩人：××市××××金属机械厂
法定代表人：×××
委托代理人：×××
××××年××月××日

附件：×××× ××份

第9章 宣传类文书

宣传类文书包括招商说明书、产品说明书、经济消息、商业广告文案等，下面我们就来了解一下这些文书。

9.1 招商说明书

招商说明书是相关企业通过大众媒介面向社会寻求合作对象时所使用的书面材料。一份好的招商说明书能够使有意合作的对象清楚地了解招商企业的基本情况，以便使其可以结合自身的实际情况决定是否合作。

从适用范围和应发挥的作用来看，招商说明书具有以下两个特点：

（1）广告性。招商说明书可以帮助招商企业以自己的招商需求为核心，通过大众媒介进行广而告之的招商活动，寻求到符合自己意向的合作对象。

（2）合作性。撰写招商说明书的目的是寻求符合自身需求的合作对象，因此，在撰写的过程中，语言要诚恳，态度要明确，但不能为了迎合合作对象而有意降低要求，以免自身利益受损。

9.1.1 格式写法

招商说明书一般由标题、正文、落款三部分组成。

1. 标题

招商说明书的标题一般按照公文标题样式进行拟写，它的写法有三种：一是由招商企业名称、事由和文种组成，如"××××公司××××工程招商说明书"；二是由事由和文种组成，如"××××招商说明书"；三是直接写文种，即只写"招商说明书"即可。

2. 正文

招商说明书的正文包括：招商企业的基本情况（名称、地址、交通情况、各项设施情况等）；招商对象（或需求）；经营范围；经营方式；招商政策（含优惠政策）；招商方式；联系方式；等等。

3. 落款

落款处应注明招商企业名称和成文日期。

9.1.2 写作注意事项

在招商说明书中要把招商对象（或需求）、经营范围、经营方式、招商政策、招商方式等信息写清楚。

9.1.3 范文模板

××××市场招商说明书

为了搞活××××市场的经济，搞活资本流通渠道，经××××批准，××省将在××××兴建一个××××市场。××省地处我国沿海发达地区，贸易往来便利，交通发达，历来都是商贾云集之地，随着"××××"的不断发展……此次××××市场的建设将是一个稍纵即逝的投资机会。

一、招商对象

…………

二、经营范围

…………

三、经营方式

…………

四、招商政策

…………

五、招商方式

××××市场占地××××亩……计划采取贷款和多渠道筹集资金的办

法进行建设，热烈欢迎有识之士和客商踊跃投资，投资者将享受××××的优惠政策，筹资办法如下：

....

地址：××市××××路××号××××酒店第××××号房间

联系电话：××××

手机：××××

联系人：×××、×××

招商方：××××

××××年××月××日

9.2　产品说明书

产品说明书又称商品说明书、使用说明书。产品说明书是对产品的性能、构造、功能、使用方法、保养维护等进行介绍或说明的书面文字，这些文字有的印在包装物上，有的则单页或成册印刷并装在包装物内。

产品说明书具有以下几个特点：

（1）知识性。产品说明书用较大篇幅将产品的有关信息介绍给消费者，以达到指导消费的目的。

（2）实用性。产品说明书要围绕产品的性能、构造、功能、使用方法、维护保养等具有实用价值的内容来写。

（3）科学性。产品说明书肩负着向读者传递知识性信息的任务，因此，必须写得准确、有科学性。产品说明书的内容应该实事求是，要使读者能够把握说明对象的性能、构造、功能、使用方法等。

（4）简明性。产品说明书常常作为产品的附件出现，与产品包装在一起，因此，产品说明书必须简明扼要，强调产品的特征，突出重点。

（5）条理性。产品说明书一般按产品操作的先后顺序或结构空间顺序来撰写。

产品说明书具有以下几个主要作用：

（1）指导作用。消费者对于那些没有使用过的或者不常见的产品的性能、构造、使用方法等情况往往是生疏的，要想熟悉产品、熟练掌握产品的使用方法，唯一的办法就是读懂产品说明书。只有按照产品说明书的要求操作，才能正确使用产品，确保自身的安全。因此，产品说明书对消费者的指导作用是直接的、现实的、不可替代的。产品说明书是厂家向消费者传递产品信息的方式，也是厂家与消费者间接沟通的方式。

（2）促销作用。在产品说明书中，虽然要用朴实无华的语言实事求是地介绍产品的综合情况，但无疑首先要介绍产品的长处和优势，这种介绍具有明显的促销作用。在现实生活中有这样一种现象：一个人或一家人购买了某品牌的产品，这往往会影响他的近邻甚至远亲也购买同一品牌的产品。这种影响的产生除了得益于产品的自身效果，产品说明书的作用也功不可没，因为产品说明书内容的全面性和具体性是广告所不能及的。

（3）资料价值。有时，人们如果不连续或不经常使用某些产品，时间长了就会遗忘它们的部分功能或使用方法，需要重读产品说明书；有些产品在被使用了一段时间以后可能会出现故障，人们通过查阅产品说明书就能判断是否需要维修；另外，电器类、机械设备类产品说明书的附图是维修时的重要依据。可见，妥善保管好产品说明书是必要的，以备日后派上用场。产品说明书的资料价值还体现在另一种情况中：对于一些常用的同类产品，消费者可以通过阅读产品说明书进行比较，从中选择更加适合自己的产品。

产品说明书的应用广泛，类型多种多样，按不同的标准可有如下分类：

（1）按内容分类，可分为工业产品说明书、农产品说明书、金融产品说明书、保险产品说明书等。

（2）按形式分类，可分为条款（条文）式产品说明书、图表式产品说明书、条款（条文）和图表结合式产品说明书等。

（3）按语种分类，可分为中文产品说明书、外文产品说明书、中外文对照产品说明书等。

（4）按性质分类，可分为特殊产品说明书、一般产品说明书等。

9.2.1　格式写法

产品说明书的形式取决于它的内容。篇幅较短的产品说明书为了方便，通常印在产品或产品的包装物（如包装纸、包装盒）上，篇幅较长的产品说明书常装订成册，如家用电器的使用说明书。

由于有些产品的使用方法或操作方法比较复杂，因此其说明书除文字说明外，常附有图表、图例，有些图例还被加以艺术处理，使产品说明书图文并茂，增强阅读的直观性，使消费者易于理解。

常见的产品说明书一般由标题、正文、落款三部分组成。

1. 标题

标题有以下三种写法：

（1）只写产品名称，不写标题，直接写产品说明书的条款和落款部分。这种写法常见于那些简单的产品说明书，实际上是以产品名称代替了标题。

（2）直接写"使用说明书""产品说明书"等，这种写法常见于印在产品或产品包装物上的产品说明书。

（3）由产品名称和文种组成，如"双黄连口服液说明书""多功能扬声电子电话机使用说明书"等。

如果产品属于国家有关部门批准许可生产的，还需要将批准部门的名称、文号、专利证号等写在标题的上方或下方。

2. 正文

因产品种类的不同，产品说明书正文的内容也不同，下面主要介绍一下固定性产品说明书、日常消费用品说明书、食用保健类产品说明书正文的内容。

（1）固定性产品说明书

固定性产品是指那些使用期限较长的产品，比如电器、仪表、机械设备等，其产品说明书包括以下内容：

①概况。这部分介绍产品的名称、执行标准等。

②特点。这部分介绍产品的功能和特色，比如耗电少、噪声低、功率大等。

③规格。这部分介绍产品的型号、容量、外形尺寸、组合形式等，以及相关的技术参数（如电源、水量、额定输入功率、工作负荷等）。

④原理。这部分介绍产品的结构组合、工作方式和运行程序等。对产品原理的说明，其详略程度视实际需要而定。

⑤使用和操作方法。这部分介绍产品的使用方法和操作步骤。

⑥维修和保养方法。这部分介绍产品的维护和保养方法。

⑦注意事项。这部分主要向消费者说明使用产品时需要注意哪些事项。

（2）日常消费用品说明书

日常消费用品是指那些易耗品，比如洗涤用品、化妆用品等，其产品说明书包括以下内容：

①产品的特征和作用。这部分主要介绍产品的基本制作工艺。

②产品的主要原料或主要成分。这部分主要介绍产品的主要原料或成分。

③使用方法。这部分主要介绍产品的开启、安装和操作方法。其中，洗涤用品、化妆用品还应当介绍一次使用量，与其他物质发生关系的比例、温度，使用中的准备过程，以及使用时间等。

④适用范围。这部分主要介绍产品在人的性别、人的年龄、季节、地域等方面的限定；另外，也介绍与其他物质发生关系时的要求等。

⑤注意事项。这部分主要向消费者说明使用产品时需要注意哪些事项。

（3）食用保健类产品说明书

食用保健类产品分为食用产品和保健食品食用两种。产品包括主、副食品，酒水饮料，调料等；保健食品是指具有特定保健功能的食品。食用保健类产品说明书包括以下内容：

①产品的制作原理和特点。

②产品的功能和作用。

③产品的重要成分。

④用法和用量。

⑤注意事项。这部分除了说明在什么情况下应谨慎使用或禁止使用产品，还必须说明如何保管、收藏产品。

⑥产品的保质期、生产日期和批准文号。

产品说明书正文的写法主要有以下三种：

一是条款式，即采用分条列项的方式对产品进行介绍和说明。这种写法的优点是内容具体、层次分明、条目清楚，通常用于对简单产品的说明。

二是短文式，即采用概括和叙述的方式对产品进行介绍和说明。这种写法的优点是内容完整、表达连贯。

三是复合式，即综合使用条款式和短文式的写法。这种写法的优点是表达清楚、内容全面，既能给人一个总体印象，又能让人了解具体内容。

某些结构复杂，需要向使用者全面、详细说明的产品，由于要说明的事项过多，因此可以将产品说明书编成小册子，小册子的内容主要包括封面、标题、目录、概述、正文、封底等。

3. 落款

落款主要包括以下三个方面的内容：

（1）产品生产企业和经销商企业的全称，以及注册商标。这些内容可放在最后，也可放在说明文字的前面，与产品名称一起标注。

（2）企业的地址。

（3）企业的联系方式。

9.2.2　写作注意事项

产品说明书的写作注意事项有以下几点：

一是真实。真实是撰写产品说明书必须严格遵循的基本准则，也是《中华人民共和国消费者权益保护法》对产品说明书的最低要求。产品说明书要做到真实，就必须如实地介绍产品的性能、构造、使用方法等，不虚夸，不遗漏，不隐瞒。

二是准确。产品说明书具有极强的实用性，所以要准确、清楚地介绍产品信息，不能含混不清、模棱两可，否则容易让人不得要领。

三是通俗。产品说明书只有通俗才能易懂，否则再真实、准确也无济于事。产品说明书要做到通俗，就要尽可能地避免出现大多数消费者不懂的专业术语和计量单位，总之，要以方便消费者为原则。

四是规范。产品说明书的撰写要符合一定的说明标准，包含必不可少的说明项目。根据《中华人民共和国消费者权益保护法》的规定，消费者有权了解产品的价格、产地、生产者、用途、性能、规格、等级、主要成分、使用方法、售后服务等情况。

9.2.3　范文模板

××××充电式手电筒使用说明书

1. 概况

本产品为××××充电式手电筒，公司遵循国家行业执行标准……确属本公司产品质量问题，自购置之日起保修期为××个月。（非正常使用而致使产品损坏、烧坏的，不属保修之列。）

2．技术特性

● 本产品额定容量高达××××。

● 超长寿命电池，高达××××次以上循环使用。

● 采用节能、高功率、超长寿命的××××灯泡。

● 充电保护：充电状态显示红灯，充满状态显示绿灯。

3．工作原理

××××灯由电池提供电源而发光，此电池充电后可重复使用。

4．使用和操作

● 充电时灯头应朝下，将手电筒交流插头完全推出，直接插入AC100V/220V电源插座上，此时红灯亮起，表示手电筒处于充电状态；当绿灯亮起时，表示电量已充满。

● 使用时推动开关按键，前档为××个××××灯亮，中间档为××个××××灯亮，后档为关灯。

● 充满状态的手电筒，××个××××灯可连续使用约××小时，××个××××灯可连续使用××小时。

5．故障分析与排除

①在使用过程中，如果充电后灯变亮，那么说明手电筒功能正常；如果充电后灯仍然不亮，那么有可能是线路故障，可以到本公司自费维修。

②在使用几年后，如果发现充电后灯不亮，那么极有可能是电池寿命已到，应及时到本公司自费更换。

6．维修和保养

● 在使用过程中，当××××灯泡亮度变暗时，电池处于完全放电状态，为保护电池，应停止使用，并及时充电。（不应在××××灯泡无光时才充电，否则电池极易损坏失效。）

● 手电筒应该经常充电使用，请勿长期搁置，如果不经常使用，那么请在存放××个月内补充电一次，否则会降低电池寿命。

7．注意事项

● 请选择优质插座，并按照安全规范进行充电操作。

● 当产品充电时，切勿使用，以免烧坏××××灯泡或电源内部充电部件。

- 手电筒不要直射眼睛,以免影响视力。(小孩应在大人指导下使用。)
- 勿让本产品淋雨或者受潮。
- 当电池充满时(绿灯亮起),请立即停止充电,避免烧坏电池。
- 非专业人士请勿随便拆卸手电筒,避免在充电时引起危险。

9.3 经济消息

经济消息是以简洁明了的文字快速、及时地对经济领域中新近发生的有新闻价值的事实的报道。从报道的内容来看,经济消息所报道的内容包括经济活动、经济信息、经济政策、经济管理、经济现象、经济观念等经济领域中的情况与问题;从报道的范围来看,经济消息所报道的内容涉及工业、农业、商业、财政、金融、消费及国内外市场等各个方面。

经济消息通常具有以下三个作用:

1. 传递经济信息

经济信息是社会的一个重要资源,它不仅制约着现代社会经济活动的各个环节,也深刻地影响着人们的经济活动方式,成为人类现代经济活动中各个环节的黏合剂。新闻媒介是经济信息重要、权威、集中的发布源泉和传递中介,它传播各种经济信息,清晰地反映经济活动态势,以满足受众利用信息从事经济活动和做出经济决策的需要。一则及时、针对性强的经济消息往往能够传递极为重要的经济信息,产生可观的经济效益和社会效益。

2. 监督经济行为

运用新闻媒介对偏离或违背社会正常运行规则的经济行为实施监督,是舆论监督在经济报道领域的具体体现。经济消息对经济行为的监督,主要从以下几方面来进行:一是监督经济运行中的异常现象,提示人们谨防经济失控带来的负面效应;二是监督无视或违反市场规则的不良现象,维护市场经济秩序;三是揭露和牵制管理权力和经济领域滋生的腐败行为和现象;四是保证经济法律制度的建立和实施。

3. 指导经济生活

经济消息通过与百姓经济生活贴近的新鲜事实,借助生动活泼的报道形式,来实现对社会经济生活的指导。经济消息对经济生活的指导,主要表现在促进生产、流通、消费诸环节及整个社会经济活动的全过程,而指导的具体内涵则表现为以下几点：一是在思想观念上进行引导；二是在资源开发上进行指导；三是在经营方式和消费方式上进行诱导。

根据不同的角度，经济消息有多种分类方法。按报道领域划分，经济消息可分为工业消息、农业消息、财经消息、房地产消息及旅游业消息等；按报道内容划分，经济消息可分为政策性消息、信息性消息、人物性消息、问题性消息、生活消费性消息及边缘性经济消息等。

9.3.1 格式写法

在撰写经济消息时，可按照消息的格式写法进行撰写。消息一般由标题、消息头、导语、主体、背景、结语六部分组成，其中，导语、主体、背景、结语组成了消息的正文。

1. 标题

标题是消息的眼睛——标题拟得好，可以吸引受众的注意力；反之，会让受众失去兴趣。消息的标题必须简明扼要，能高度、精准地概括消息的内容。另外，在拟定消息标题时，一定要画龙点睛、一语破的，不要语义含糊。

消息的标题有单行标题、多行标题、双行标题。

单行标题只有一个主题，简洁明了，内容高度概括，要鲜明、醒目、易记。

多行标题包括主题（也叫正题、母题）、引题（也叫眉题、肩题）、副题（也叫子题）。多行标题相互之间一定要搭配好，相互配合，相互补充，各行题目发挥各自作用，相得益彰。主题主要用来概括消息的主要内容和思想，字号最大、最醒目。一则消息可以没有引题、副题，但一定要有主题。引题主要用来点明消息的思想意义或交代消息报道的背景，起到烘托气氛的作用。位置在主题的上方，字号比主题的字号小。副题是主题的补充，位置在主题的下方，字号也比主题的小。

需要说明的是，有些消息的标题只有主题和副题，没有引题，还有些消息的标题只有主题和引题，没有副题，这两种标题统称为双行标题。

2. 消息头

消息正文起首处通常要有消息头，它是消息的外在标志。消息头是消息中用以区别正文的、用不同字体标明的关于消息发布者有关信息的文字，它用来声明消息的版权和说明消息的来源、时间和作者，如"本报讯（记者×××）""本台消息""新华社××（地）××月××日电（记者×××）"等。

3. 导语

导语要用简明生动的文字写出消息中最重要、最新鲜的内容，鲜明地提示消息的主题思想。导语写得好，会吸引人们阅读；反之，则会让人感觉索然无味。好的导语一定抓住了消息的核心，准确地概括了消息的内容，同时采用了合适的表述方式。

那些篇幅较长、有若干段落的消息，往往第一段话是导语；而篇幅较短、不分段落的消息，往往第一句话是导语；另外，那些文字很少的消息一般没有导语。

导语有两种类型：一种是直接性导语，即直接写出事实核心的导语；另一种是延缓性导语，即所报道的不是正在发展中的、变化中的或突发性的事件的导语，它通常用来设置某种现场或营造某种气氛，这种导语多用于软消息。

4. 主体

导语之后就是主体。主体是消息的主干，是对消息具体全面的阐述，展现消息的主题思想。导语只进行概括性的阐述，只涉及重要的新闻事实，而主体则会补充导语没有涉及的事实，使新闻要素更加完备，有利于读者更好地了解新闻事实。主体通常会起到两个方面的作用：一是深化导语，即对导语进行解释和展开论述，使读者对导语所涉及的新闻事实有更加清楚、更加具体的了解；二是对内容进行补充。

常见的主体结构有倒金字塔式结构、时间顺序式结构、新华体式结构、提要式结构、问答式结构、华尔街日报体式结构等。无论采用哪种结构，主体部分的撰写都应遵循以下三个原则：

（1）围绕主题、扣紧导语。消息的主体部分所涉及的内容比较多，不可能一一罗列，因此要紧紧围绕导语中确立的主题思想挑选素材。或许有些素材很感人、很吸引人，但若与主题无关，则要忍痛割爱。

（2）线索清楚、层次分明。消息的主体部分要叙述的内容较多，但不能因为内容多，就忽视了线索的条理性和层次性。为了避免出现结构混乱、层次不清的现象，撰写者在动笔之前要安排好材料的次序，力求层次清晰、泾渭分明。

（3）以记叙为主，用事实说话。消息是对事实的报道，事实是消息的基础。在撰写消息时，一定要选择典型的、有说服力的事实来表达主题。对事实的表述主要通过记叙的表达方式来实现。消息以记叙为主，但也不排斥其他表达方式，可以在运用各种记叙方法的同时，适当穿插描写、抒情、议论等表达方式。比如，为了加强消息的指导性和战斗性，在叙述事实的基础上，可以进行画龙点睛式的议论；为了增强消息的感染力，可以使用生动形象的描写。

5. 背景

所谓消息的背景，是指新闻发生的历史、原因和环境。背景说明新闻发生的具体条件、性质和意义。背景是为充实新闻内容、烘托和突出主题服务的。

背景是消息的从属部分，一般穿插在消息的主体部分中，有时也穿插在导语或结语当中。

消息的背景一般由三类材料组成：一是对比性材料，即对报道的事物进行前后、正反、今昔等各方面的对比，用以突出所报道内容的重要意义的材料；二是说明性材料，即那些介绍政治背景、地理环境、历史演变、思想状况、生产面貌、物质条件等的材料，用以说明事物产生的原因、条件和环境；三是解释性材料，即对人物的出身、经历，产品的性能、特色，专用术语，以及技术性知识等做必要的介绍或解释时所用的材料。

6. 结语

消息的结语是消息的最后一句话或最后一段话。好的结语能加深读者对主要事实的感受，使读者得到更多的启发和教育。结语的写法也是多种多样的，常见的有以下几种：

（1）小结式。对消息的内容加以总结，使读者更加明确报道这个消息的目的。

（2）启发式。不把话说尽，而是留有余地，启发读者去回味、思考。

（3）号召式。在消息所报道事实的基础上发出号召，唤起读者的响应和共鸣。

（4）展望式。指明事件发展的趋势，激励、鼓舞读者。

有些消息没有结语，这是因为在主体部分已经将内容全部写清楚了，无须再写结语。

9.3.2 写作注意事项

经济消息的内容要真实，不能虚构，也不能道听途说、随意发挥。

在撰写经济消息时，要组织、安排好材料，要合理布局，使整篇经济消息前后连贯、衔接紧凑、主次分明、详略得当。

9.3.3 范文模板

××亿元历史债务了结　省国投找到我国债务化解新路径

本报讯（记者×××）××日，北京传来重大利好消息，××省国际信托投资有限公司化债重组报告得到国务院的肯定。此举不仅为省国投重组奠定了基础，也表明预破产机制在我国得到认可。

××××年成立的省国投，因管理混乱、违规投资等原因，陷入严重的债务危机，成为缠绕历届省政府的难题。至××××年，国投账面负债××亿元，净资产为××亿元，办公大楼被法院查封，债务仍在呈刚性增长。省委书记×××批示：形势严峻，久拖必死。当年××月，省政府果断决策：财政不再注资挽救；债务化解不成，将依法申请破产。

按照省委、省政府的新思路，国投新团队提出预破产化债法，即通过中介机构对资产进行清算，出具假定破产条件下的偿债能力分析报告，计算出破产值，然后据此与债权人展开一对一协商平等谈判，确定最终的债务清偿方式和比例。这是我国国有企业首次践行这一新的化债方式。

历经××××场谈判，××××年年底，省国投终于化解全部历史债务，并与所有债权人签订了免除法律追诉协议。积压了××年的"大脓包"终于成功化除。（《××日报》××××年××月××日）

9.4　商业广告文案

商业广告是指商品经营者或服务提供者承担费用,通过一定的媒介和形式直接或间接地介绍所推销的商品或所提供的服务的广告。

商业广告一方面具有促进销售、指导消费的商业功能;另一方面具有社会功能,即服务于社会,传播符合社会要求和人民群众利益的思想、道德、文化观念的信息。

商业广告主要分为商品广告、劳务广告和声誉广告等。

(1)商品广告,又称产品广告,它以销售商品为目的,主要介绍商品的质量、功能、价格、品牌特点,以及给人以何种特殊的利益和服务等有关商品本身的一切信息,追求近期效益和经济效益。

(2)劳务广告,又称服务广告,像介绍车辆出租、家电维修、房屋搬迁、招工、家政服务等内容的广告都属于劳务广告。

(3)声誉广告,又称公关广告、形象广告,它是指通过一定的媒介,把企业的相关信息有计划地传播给公众的广告。这类广告的目的是引起公众对企业的注意,提高其知名度和美誉度,从而树立良好的企业形象。

9.4.1　格式写法

商业广告方案是指已经完成的商业广告作品的全部的语言文字部分。商业广告文案一般由广告语、标题、正文、随文四部分组成,其中,每部分分别传达不同的信息、承担不同的职能、发挥不同的作用。

1. 广告语

广告语,又称广告口号、广告标语,是为了加强消费者对企业、商品或服务的印象,在广告中长期反复使用的一种简明扼要的口号文字。它基于长远的销售利益,向消费者传达一种长期不变的观念。

广告语的撰写一般有以下四个方面的要求:

(1)广告语要简明扼要。广告语一般只有寥寥几字,很少超过10个字,比如,世界著名的咖啡品牌"雀巢"咖啡在进入中国市场时带来了世界知名的广告语——"味道好极了"。

（2）广告语要易于上口，便于记忆。读起来朗朗上口的广告语更容易让人记住，比如，世界上最大的钻石生产商戴比尔斯20世纪90年代在中国的广告语——"钻石恒久远，一颗永流传"——想必没有人不知道吧。

（3）广告语要阐明商品的使用价值，激发消费者的兴趣。人们购买商品，都是为了从中获得某种使用价值，所以在撰写广告语时，一定要把商品的使用价值表达出来，比如，海飞丝洗发水的广告语——"头屑去无踪，秀发更出众"——就很好地做到了这一点。

（4）广告语要具有较强的号召力，能够引发消费者行动。广告语的一个重要作用是引发消费者的行动，比如，耐克的"just do it（要做就做）"，这句广告语简单明了，又很口语化，正好彰显了年轻人的自我意识，所以很受年轻人的追捧。

2. 标题

标题是商业广告文案中旨在传达最重要的或最能引起消费者兴趣的信息，对全文起统领作用，以吸引消费者继续关注文案其他内容的简短的语句。商业广告文案的标题往往也是商业广告的标题，位于商业广告的醒目位置。

一则好的商业广告标题，能迅速引起消费者的注意，能吸引消费者更深入地了解商业广告。那么，在撰写商业广告的标题时要遵循哪些原则？

（1）投消费者所好，并切实地使之受益。

（2）尽量把新事物引入标题。人们往往会关注是否有新事物出现，是否有新产品问世，或者旧产品有无新用途或改进，或者是否有新的观念涌现等，因此，包含新事物的标题最能引起人们的兴趣。

（3）在标题中尽可能写上商品名称。一般来说，看商业广告标题的人数是看广告正文人数的5倍，因此，对于一些竞争激烈的消费品，其广告标题中要尽可能带有商品名称，使那些只看一眼广告标题的消费者知道你所宣传的商品到底是什么。

（4）使用能够引起人们好奇心的词语。广告标题是为了引导消费者阅读下文，将某些对消费者有着强烈吸引力的词语应用于标题，这样能吸引消费者去进一步了解商品。

（5）长度适中。标题要有合适的长度，6~12字为最佳。

（6）避免使用笼统或泛泛的词语。广告标题应是生动、具体、形象的，所以不应使用一些陈词滥调。

（7）慎用双关语、文学隐喻，忌用晦涩难懂的词。必须用明白无误的语句来写标题。当然，有时双关、比喻之类的修辞方法使用得当，也会产生意想不到的效果。

（8）避免使用否定词。在商业广告的标题中使用否定词是很危险的，因为消费者往往不喜欢这样的表述。

3. 正文

正文是指商业广告文案中旨在向消费者传达大部分的广告信息、居于主体地位的语言文字。它是商业广告文案的中心和主体，是对标题的解释及对所宣传事物内容的详述。

商业广告文案的正文一般由引言、主体、结尾三部分组成。

（1）引言。引言是商业广告文案标题与正文的衔接段，是正文的开头部分。它要以概括和精练的笔触，迅速、生动地点明标题原意，并引出下文，以吸引消费者继续了解商品。

（2）主体。主体是阐述商业广告文案主题或提供论据的部分，是商业广告文案的中心。在引言之后，主体部分要及时点出消费者的诉求和所宣传商品的优势，以及这些优势与目标消费者的关系，以此来说服消费者购买商品。

（3）结尾。结尾是商业广告文案正文的结束部分，它的主要目的是用最恰当的语言敦促消费者及时采取行动。结尾虽然一般比较简短，但其意义重大。

4. 随文

随文，又称附文，是商业广告文案的附属文字部分，是对商业广告内容必要的交代或进一步的补充。随文主要包括商标、商品名、公司标识、公司地址、电话、价格、银行账号及权威机构证明标识等内容。

一则商业广告文案不一定要将以上所说的随文内容全部列出，它应根据自身的宣传目标选择合适的随文内容。随文是商业广告文案的有机组成部分，具有重要的推销作用。

9.4.2　写作注意事项

要实现对商业广告主题、创意的有效表现和对商业广告信息的有效传播，商业广告文案的语言就要规范、准确，要通俗、易懂，以便消费者能快速了解商品。另外，商业广告文案的语言也要简明扼要，用尽可能少的文字传达尽可能多的有用的信息。

商业广告文案中诉之于听觉的广告语言要优美、流畅、动听，使其易识别、易记忆、易传播，从而能够突出广告定位，很好地表现商业广告的主题和创意，产生良好的广告效果；同时，也要避免过分追求语言美和音韵美，而忽视广告主题。

9.4.3　范文模板

"瑞士欧米茄手表"报纸广告文案

标题：见证历史　把握未来

广告语：欧米茄——卓越的标志

正文：全新欧米茄碟飞手动上链机械表，备有18K金或不锈钢型号。瑞士生产，始于1848年。对少数人而言，时间不只是分秒的记录，亦是个人成就的佐证。全新欧米茄碟飞系列手表，将传统装饰手表的神韵重新展现，正是显赫成就的象征。碟飞系列手表于1967年首度面世，其优美典雅的造型与精密科学的设计尽显华贵气派，迅即成为殿堂级的名表典范。时至今日，全新碟飞系列更把这份经典魅力一再提升。流行的圆形外壳，同时流露古典美态；金属表圈设计简洁、高雅大方，灯光映照下，绽放耀目光芒。在转动机件上，碟飞更显工艺精湛。机芯仅2.5毫米薄，内里镶有17颗宝石，配上比黄金贵20倍的铑金属，价值非凡，经典时尚，浑然天成。全新欧米茄碟飞系列手表，价格为8～20多万元不等，不仅为您昭示时间，同时见证您的杰出风范。备具纯白金、18K金镶钻石、18K金，及上乘不锈钢款式，并有相配衬的金属或鳄鱼皮表带以供选择。

随文：（略）